孩子自主成长

78 RECORDS OF CHILD'S INDEPENDENT GROWTH

78记 父子同行心得

EXPERIENCE OF FATHER AND SON'S COMPANION

姚　飞
姚嘉弈　编著

中国纺织出版社有限公司 | 国家一级出版社
全国百佳图书出版单位

内 容 提 要

本书是姚飞教授与儿子姚嘉弈父子同行16年的结晶。作者摈弃“家长式”的说教，立足孩子的自主成长，探索家庭教育中家长与孩子“相互赋能”的问题，具体从自学、应试、心力、家庭、关系、情绪等几个方面讲述了亲子共同成长的方法和智慧。书中有很多实用性的建议和策略，为家长朋友们在教育孩子方面提供了宝贵的经验。作品实事求是，分析入理，解决问题有道，具有极强的可读性和实用性。

图书在版编目（CIP）数据

孩子自主成长78记：父子同行心得 / 姚飞，姚嘉弈编著. -- 北京：中国纺织出版社有限公司，2019.12
ISBN 978-7-5180-6890-6

Ⅰ. ①孩… Ⅱ. ①姚… ②姚… Ⅲ. ①家庭教育 Ⅳ. ① G78

中国版本图书馆 CIP 数据核字（2019）第 236805 号

责任编辑：段子君　　责任校对：韩雪丽　　责任印制：储志伟

中国纺织出版社有限公司出版发行
地址：北京市朝阳区百子湾东里A407号楼　邮政编码：100124
销售电话：010—67004422　传真：010—87155801
http：// www.c-textilep.com
中国纺织出版社天猫旗舰店
官方微博http：// weibo.com / 2119887771
天津千鹤文化传播有限公司印刷　各地新华书店经销
2019年 12 月第 1 版第 1 次印刷
开本：710×1000　1 / 16　印张：13
字数：156千字　定价：48.00元

序言
Preface

父亲因素是跨越性别和代际的。在人类的进化史上，爸爸常常是力量或强者的象征，或捕猎养家，拼搏护家，或不惜以战争来维护家族与国家利益。但在孩子的心中，最需要的是爸爸真切的陪伴，而非其他。

本书携手吾儿，小步走，不停步，每天进步一点点。16 年了，相互赋能、共同成长。我自感是天底下最幸运的爸爸！我也深信，做爸爸，只要不断赋能自己和孩子，就绝无失败。

本书献给我的爸爸。他今年 77 岁了，半生艰苦，住茅草屋，缺吃少穿，但从不抱怨，乐观、健康、独立、充满好奇心。这种苦行精神，是留给子孙最宝贵的财富。

本书献给天下每一位爸爸。

本书也献给我的妈妈、爱人和所有妈妈。正是因为你们的光辉，让爸爸长期以来成为家庭教育中的“隐形人”。

本书也特别献给中国纺织出版社的曹炳镝编辑——一位好妈妈！是她的支持和鉴赏，促成本书的不断完善并最终出版。

作者

2019 年元旦

目录

contents

第1章　自学赋能

第2章 应试赋能

第3章 心力赋能

第4章 家庭赋能

第5章 关系赋能

第6章 情绪赋能

第1章
自学赋能

一个自学能力强的人，不成功于此，便成功于彼，不成功于今天，就成功于明天。

——姚飞

陪孩子学习，牵手是为了放手。

——佚名

1. 不要让中国式父母焦虑毁了自己的孩子

作为创业学教授，我这里更愿意以爸爸的角色，谈谈如何培养孩子的问题。有一次，和同事聊天，同事说，人活着一辈子，不就是为了孩子嘛，孩子不行，我们的后半生就完了。这句话说出了中国大多数父母的心声。

有研究指出：中国已经成为全世界教育花费最贵的地区，而且超过三分之一的父母已经把全部时间都花费在孩子身上。可尽管如此，中国父母仍然担心自己做得不够，害怕孩子会输在起跑线上，害怕孩子将来考不上好大学，或找不到好工作。有教育机构曾对7000多名家长进行了一项调查，其中95%的被调查者在养育孩子过程中感到焦虑。从吃、穿、住、用、行到孩子的学习成绩，从孩子的性格、兴趣、特长到孩子的身高、体重、视力，无一不是家长焦虑的问题。这就是人们常说的：中国式父母焦虑。

这种焦虑正以无声的方式折磨着父母，伤害着孩子。若任这种焦虑蔓延，将消耗孩子的潜能，可能影响孩子的一生。

中国父母之所以焦虑，表面看是对竞争越来越激烈的孩子成长环境的担忧，而深层次的原因在于对考试和家庭教育的误解，不能抓住核心问题。家庭教育的最核心问题是培养孩子的自学能力。只要抓住了这个核心，孩子的其他问题都可通过孩子自学逐步解决。

这里我分享六点想法或六种思维方式，希望能缓解父母们的焦虑。

第一，高考是一款游戏，一款通关时间长达十二年（甚至更长）的游戏。既然是游戏，规则很简单，关键是让孩子自己玩，可惜，很多父母不是帮助孩子玩游戏，而是玩自己。

第二，要引导孩子着迷游戏的过程，而不要过分在意一局的胜负。中国式父母，一局游戏输了，焦虑不安，睡不着觉，这样会遏制孩子进入下一局游戏的兴趣。

第三，要给孩子自主探索的机会，而非都是规定动作。我曾和身边的一位爸爸探讨，要学会为孩子画圈，但这里有讲究。圈太小，虽然安全，但可能把孩子圈死了。因为对小孩来说，未来人生就像游戏，是不确定的。所以要尽量把圈画大一些，孩子才有探索的可能。当然，也不能没有圈。

第四，同样的游戏，不同孩子可能玩法不同。要帮助孩子寻找适合自己的人生玩法，避免羊群效应。

啥是羊群效应？通俗来讲，就是一个羊群，平时大家散乱地在一起，盲目地左冲右撞。如果一只羊发现了一片肥沃的绿草地，并在那里吃到了新鲜的青草，后来的羊群就会一哄而上，争抢那里的青草，全然不顾旁边虎视眈眈的狼，或者，根本看不到其他地方还有更好、更嫩的青草。

有个小幽默也反映了羊群效应：一位石油大亨到天堂去参加会议，一进会议室，发现已经座无虚席，没有地方可以落座，于是，他灵机一动，喊了一声：“地狱里发现石油了！”这一喊不要紧，天堂里的石油大亨们纷纷向地狱跑去，很快，天堂里就只剩下那位后来的大亨了。这时，这位大亨心想，大家都跑了过去，莫非地狱里真的发现石油了？

于是，他也急匆匆地向地狱跑去。

这里，我想和父母朋友分享的是，不要教孩子做一个合格或合群的羊，而要鼓励孩子学着做一匹孤独的狼，不是走别人的路，让自己无路可走，而是要走自己的路，让别人无路可走。能考上名校很好，但这是一个独木桥，所以考不上也不必太焦虑，说不定更好，比如马云、马化腾，还有我们身边的许多例子都能说明这一点。

第五，要么因材施教，要么就放羊。这是我16年来的育儿心得，也是我自己成长过程中所感悟到的最基本的教育原则。也就是说，如果你懂教育，就因材施教。我儿子今年高二，被同学封为冷男、体霸和学神，我觉得关键不是天赋，也不是我们做父母的付出了多少，而在于因材施教。若不懂，也没关系，圈画大一些，在保证孩子不出圈的情况下，采取放羊式管理。否则，违背了教育基本规律，做得越多，你自己会越焦虑，且对孩子的负面影响越大。我小时候父母实行的就是放羊式管理，感觉也挺好。

第六，不教是教的最高境界。言传不如身教，身教不如教会孩子自学的方法。和不少父母相比，我和爱人对孩子投入的时间并不多，重点在于教会孩子自学的方法。比如自己做学习计划，这个对孩子一生都很重要，可惜多数孩子由父母包办一切。我现在之所以省心，就是因为孩子自己会做每天的计划；再比如大部分孩子学习内在动力不足，考试只是为了应付父母，导致高中生、大学生厌学或混学现象非常普遍，这一点我作为大学教授体会非常深刻。这类问题，需要父母关注并从根本上加以解决，本书重点分享我的一些心得和具体做法，希望你能借鉴，缓解一下焦虑。

2. 儿子的几句心里话

我是姚嘉弈，爸爸让我在这里说几句，那我就说几句吧！

相比我的同学，爸爸确实不怎么管我。比如听同学说，每天放学后回到家里，父母总是催着写作业，有的还坐在孩子身边，盯着孩子学习；而我爸从小就给我一定的自由空间，让我自己分配时间。慢慢地，我学会了如何管理自己。我觉得，自我管理是最有效的管理方法，因为通常自己对自己是最了解的。

至于那些“严爸”或“虎妈”，我也能理解他们，毕竟谁不希望自己的孩子变得更优秀呢？但这里我想说，若操心过多，真的会帮倒忙。我的一些同学在小学时学习成绩十分优异，那是在父母的强压下学出来的。到了中学，这种压迫式学习的弊端也就显现出来了。孩子们在强压之下，对学习的兴趣渐渐被磨灭了，再加上青春期的叛逆心理，就更不会学习了。

最后我想说，作为孩子，我们需要父母的关心，但不能因此失去好奇心。

真心祝愿天下所有父母安心省心、孩子学习开心用心！

3. 我为什么不为儿子考试焦虑?

这些年，最让我感到骄傲的有两件事，一是作为创业学教授，潜心做创业慕课、微课，让几十万大学生或年轻人从中受益。二是作为父亲，在培养儿子方面有一些心得。

儿子在学校被同学封为冷男、体霸和学神，这不一定恰当，但我很喜欢。其实，我对儿子的总体感觉是：有缺点，但很多方面比我强。比如个头比我高很多，篮球打得比我好很多，跑得比我快，儿子从小学到高中都是学校或所在区 100 米、200 米短跑冠军。足球也踢得比我好，刚上初一便当选校足球社社长。学习也不错，从小学到高中，平时成绩中上，但每到大考成绩优异。这个比我强，我当时是平时成绩尚可，大考总不行。儿子初中毕业时以“男一号”身份公派美国参加太阳升夏令营项目，高一第一次参加托福考试便考进全球前 1%，从小到大，除了小提琴，基本没参加过什么课外辅导班，但各科成绩比较均衡。

有人说，你儿子基因好，我爱人听后特高兴，当然我也高兴。但我觉得，身教和每天适时的引导可能比基因更重要。举个例子，我儿子小时候不喜欢踢足球，我带他出去玩，他根本不碰足球，甚至连看都不看一眼，我当时很生气，想强制他踢，但还是克制住了。之后每次出去玩我继续带着足球，不管他玩不玩，我自己先玩或找小朋友一起玩。就这样，突然有一天，儿子爱上了足球。相似的方法，儿子又爱上了跑步、篮球，最后爱上了学习。我曾经问儿子："不少人说你是学神，你喜欢学习吗？"他回答："没有学生喜欢学习"。

初一时，班主任让儿子在家长会上介绍学习经验，我印象中儿子总结了四个关键词，其中之一是"每天定计划"。儿子讲完后，父母们提问踊跃。当时我也在现场，问啥的都有，记得有父母问："你父母平时管你吗？"儿子回答："不怎么管"。

说实话，我平时管得确实少，作为教授，有时也想多管，但儿子多数情况下不让管，那怎么办呢？我的做法是：要么不管，要管就一定有效，并且趁早管，晚了就更难了。这里我特别想和父母朋友分享的心得是：现在管的目的是将来不管。

儿子现在刚进入高二，正备战中国和美国两个高考，任务非常重，我问儿子，你学习需要爸爸帮助吗？儿子说：基本不需要。我心里很高兴。当然，儿子偶尔会问我关于学习方法和社会实践的一些难题，这个时候，我无论多忙，也要挤时间认真帮他解决。我知道，儿子不一定考上哈佛或者斯坦福之类的世界名校，上北大、清华或许也有一些挑战。但我内心很坦然，因为对我来讲，名校只是求学生涯的短期目标，真正的长远目标是希望儿子成为持续成长的"创二代"。因为，我算创一代，自从初中住校后，上学、工作、创业的事就很少让父母操心，我也希望儿子这样。

我知道，一些父母陪孩子时间很长，可以说是全陪，陪吃、陪玩、陪学。结果是越陪越为孩子的学习担忧，越陪越为孩子的未来担忧。还有一些父母没有时间，也不懂教育，不知道从何下手，会觉得很焦虑。

在本书中，我会结合16年的育儿实际体会和对教育的研究，分享一些朴素且普适的教育方法，着力提高孩子的自学能力，激发学习原动力，希望让中等生逐步成长为学神，并最终成为“创二代”。力求不讲或少讲大道理，多讲小方法。每天学一点，用一点，即学即用，希望父母们彻底告别焦虑，心安理得地做一个“会偷懒”但有成就感的好爸爸或好妈妈。

4. 你未老先衰了吗？提升自学能力是关键

2018年网上流传一位爸爸挥泪送女儿的段子：亲爱的未来亲家你好，我女儿有房有保险会游泳，年满18会配车，过年随便去哪家。结婚送车送房，包办酒席，礼金全给孩子！唯一的要求：能不能现在就接走，把作业辅导一下，谁家的媳妇谁家养！

2018年还流传另一个段子：有一个收费站的员工出了名。因为收费站裁员了，她非常悲愤地说：“我都36岁了。除了收费，啥也不会。到这个岁数，学东西都学不了，也学不会了。我这下半辈子可怎么办呢？”请注意，她觉得自己啥也学不会了，36岁。

两个故事，一个关于孩子，一个关于父母，但有一个共同的主题——自学能力。为什么有这样不开窍的孩子呢？我的回答是：因为有不开窍的父母。父母若没有自学能力，不但自己未老先衰，而且教育孩子不得法，久而久之，孩子也会未老先衰，丧失学习的自主性。

自学能力的强与弱，是衡量一个人未来成就大小与否的重要标志之一。学校教育是有限的，个人自学的知识却是无限的。家长有意识地从小引导孩子独立地进行超前学习，就能轻而易举地获得这种神奇的能力。一个自学能力强的人，不成功于此，便成功于彼，不成功于今天，就成功于明天。

如何提高自学能力？父母和孩子面临的问题其实是差不多的。

其一，要学会处理好没有兴趣的问题。人们总说培养兴趣，但是培养兴趣往往是最难的，但是兴趣是在做的过程中被激发的，而不是想出来的。比如学习中，因为解出了难题，获得的激动、成就感；或者读书中，精彩的情节打动、吸引了你，实用的内容帮到了你……这些往往都是激发学习兴趣的关键所在。所以，不要想着如何激发学习兴趣，而是去尝试，在这个做的过程中，兴趣往往就自然而然地产生了。

其二，要善于寻找恰当的自学方法，使得事半功倍，而不是事倍功半。学习中因为学习方法不对，事倍功半的例子屡见不鲜。对于大部分来人说，学习中如果频频受挫或者付出很多收获很小，学习的热情和意愿也就会被消磨殆尽。所以，在面对问题的时候，一定要找解决办法，而不是一味地蛮干。拿阅读来说，如果你的阅读速度慢、理解力低下，而你需要读的书太多，又没有足够的时间，这个时候问题就来了。如果你还是按部就班地读，最后要么没读出什么效果，要么连阅读的心情都丧失了。这个时候需要思考的就是如何提升阅读效率，然后行动。阅读效率问题曾经也是困扰我很久的问题，我最后的解决办法是提高泛读和精读的能力，下文会做专题讨论。

其三,一个好的学习氛围和环境，对自学也很重要。因为好的学习氛围和环境可以让你更好地静下心来学习，同时也能增加学习的动力。比如在图书馆、教室比在家里的学习效率高等；可以和好朋友一起开展学习上的比赛，让学习的环境活起来；懒惰不可避免，要营造环境克服惰性。我在考博士时，为克服惰性，晚上下班有时到附近大学的教室看书，有时站在家里的阳台看书，但绝不能随意坐下，因为一旦坐下，很快就睡着了。

其四，自学需要懂得制订计划并落实，这对父母和孩子挑战都很大，下文分几个专题来讨论。

5. 孩子的计划能力啥时候开始培养？如何培养？

许多父母觉得孩子小，做计划不可能。实际上，我从孩子上幼儿园就开始教儿子做计划了。当时，我正忙于写博士学位论文，寒暑假爱人上班，双方老人都不在身边。我当时没时间陪孩子，即使有时间，也不可能每时每刻陪孩子玩，怎么办？我开始捉摸怎么解放自己。这时，想到让儿子做计划。但三岁小孩，哪懂啥叫计划，根本不听，又一想，许多大学生或职场新手还不会做计划呢，当时差点儿放弃。但不管怎样，我还是决定试试。最终，儿子愿意做计划了。这个现在说起来轻松，当时做起来过程并不顺利。父母朋友们可以试一下，这个确实很难。那我是如何做到的呢？这里分享五点：

第一，不管孩子多么小，记住：父母是引导而非代替孩子做计划，否则，无论我们的计划执行得多么完美，结果总是适得其反。有些父母教孩子时，为孩子制订每天的时刻表，做完功课才可以玩。其实不是的，做功课也是玩，玩也是学习。

第二，计划目标要清楚。周末或节假日是幼儿园孩子学做计划的最佳时期，既然是假期，目标很单纯，就是让孩子自己会玩，会自娱自乐，通过玩，学会做计划。我问儿子，爸爸老管你，高兴吗？他说：不高兴。我说，那好，你做计划的目的就是不让爸爸管你了，你自己想玩啥就玩啥，玩得开心就好。儿子一想，这样好，不用爸爸管我了，自己可以做主，于是开始尝试做计划。这里我想提醒父母朋友们的是，不要一开始就要求孩子干所谓的“正事”，比如要求三岁孩子写字或看书，这样十有八九会适得其反。

第三，学做计划要循序渐进。初期尽量简单，鼓励孩子简单列出三五条即可，我印象中儿子当时学做计划时还有许多字不会写，他用拼音或符号替代。只要他做了，不管多简单，哪怕是有点应付，我也会伸出大拇指鼓励他。如果一开始计划太复杂，孩子会望而却步的。

第四，计划一定要有先后顺序。我儿子起初定计划，特随便，不分顺序，敷衍了事。觉得不就是玩嘛，先玩什么后玩什么没关系。比如这么列计划，第一项看电视；第二项，找小朋友玩；第三项，玩玩具；第四项，看动画书。这个计划，乍一看，没什么问题，但仔细看，这是孩子按照自己对事情喜欢的程度排列的。若定这样的计划，孩子通常是没法完成的。为什么？因为若先看电视，通常后边的事会忘掉。在这种情况下，我一般会和儿子商量，将这个计划颠倒顺序，比如先看动画书。这个简单调整，表面上看没什么区别，事实上对培养孩子做事分清轻重缓急的意识非常重要。

第五，计划中每项任务时间长度30分钟左右为宜，不能太短，也不能太长。我认识一个小孩，从小玩东西没有长性，每玩一样东西不超过三五分钟，父母没有注意到这一点，后来上小学时才发现孩子学习专注度很低，成绩很难提高。我儿子初三上学期有一段时间化学成绩很差，在班级都快倒数了，我帮他分析原因时，发现那段时间他对化学不感兴趣，每次把化学学习都放到最后一项，且经常被其他科目挤占。为此，我建议他每天将化学学习放在第一项，结果坚持下来，初三化学结业成绩满分。许多学生偏科，与此有关，若能及早发现并坚持每天专注学习半小时，情况一定会大有改观。

6. 孩子定计划到底有多重要？

你没法给小孩子讲太多计划重要性的道理，关键是父母得认识到。许多父母认为计划是成人的事，我的观点是孩子学会定计划越早，受益越早，不但自己终身受益，而且全家受益。

前面曾提到，我通过教儿子制订计划，实现带孩子和写博士学位论文两不误。这些年，我体会更深的是，孩子会定计划确实可以解放父母，既省时间，又省心。

儿子上小学六年级时学习成绩属于中上等，为了考上理想的中学，他自己制订了周密的3个月突破计划，在这期间，有两个小学生体育赛事，一个是天津市小学生足球比赛，另一个是河东区小学生篮球比赛。我当时考虑，时间这么紧，建议他不参加，但儿子坚持参加，在这种情况下，我通常会选择支持他。印象中当时儿子的班主任很不高兴，觉得这不可思议。但事实是，儿子那段时间学习效率超高，执行计划也非常到位，结果不但球玩得很开心，而且最终以全校数一数二的成绩考入理想的初中。儿子高一考托福也是靠周密的计划，在不影响正常学习的情况下，利用业余时间取得优异成绩。目前儿子要参加中美两个高考，一般孩子参加一个高考就够忙乎了，儿子计划参加两个，我建议他放弃一个，但他目前仍坚持兼顾，两条腿走路，截止到现在，感觉两条路走得都还可以，靠的是什么？就是周密细致的计划。

现在离美国高考还有两个多月时间，我写这本书之前问儿子，还需要爸爸做什么？儿子对我说："爸爸，我把45天的时间又做了一个周密的计划，实施完这个计划后，离考试还有3天的时间，其中一天留给去香港考试的路上，另外留出两天的机动时间。"听完他的安排，我没什么可说的，有的只是心里默默为儿子加油。

这里我还想和父母朋友们分享几点：

第一，计划是任何人走向优秀的重要工具，看看当今各行各业的优秀人物，一个个忙忙碌碌，但之所以忙而不乱，靠的就是每天、每周、每月、每年周密的计划。

第二，不管父母自己是否重视计划，教会孩子定计划，这会让孩子受益终身。

第三，一旦孩子学会了计划，你无须时刻为孩子焦虑，只需每天心中默默为孩子加油祝福，等待好消息的到来。

第四，若没等到好消息，要么帮助孩子改进计划，要么引导孩子审视计划落实情况。这个不需要花太多时间。千万别一着急或图省事，让孩子报一个课外辅导班了事。

7. 孩子计划执行不好怎么办?

有父母告诉我，自己的孩子也知道做计划，但执行很差，慢慢就放弃了，所以，他觉得计划没用。我问他执行差到什么程度？他说每次孩子计划完成率只有 50%，我告诉他，这算不错的了。首先有计划比没计划强。更重要的是，能够完成 50%，这为完成 60% 或 90% 奠定了基础。我再进一步询问，才发现，这位父母往往是强迫孩子做计划，而不是孩子主动要做计划。

这里，我特想和父母朋友们分享几点想法：

第一，一定鼓励孩子自己主动制订和执行计划，这个非常关键！在这个过程中，父母可参与进来，但不能包办代替，更不能扮演“监工”的角色，否则，久而久之孩子会和你形成“猫和老鼠”的关系，这你可就累了。

第二，刷三观，让孩子在潜意识里认识到，制订和执行学习计划是每天分内的事，若哪一天不能落实计划，孩子心里会觉得缺点东西，慢慢地，他就会自觉不自觉地就想给自己找点“心理安慰”。父母心里要明白，这不是一朝一夕的事，我的实际体会较多，下文我会做更具体的分享。

第三，计划不要太完美。有些父母总喜欢要求孩子把计划搞得很全、很细，这样看上去的确很“完美”。但在实践中你会发现，只是“三分钟热度”，孩子没法坚持。因为时间久了，孩子会觉得计划真的是太辛苦了，这样的话，将极有可能陷入“煎熬期”。这样的计划注定会被孩子遗弃的。所以可执行的计划才是好计划。

第四，计划习惯是慢慢培养的。计划制订难，执行更难，这对许多大人都是挑战。我曾调研过大学生，有计划习惯的不到30%，每天能把计划写到纸上的不到5%，更不用说执行了。有些父母朋友一辈子也没养成计划习惯，更何况孩子？但我觉得，对于中小学生来说，花上几个月的时间去培养计划习惯是没有问题的！在这里提醒父母，要有足够的耐心，辱骂或棍棒伺候等方式不可取。一定要留给孩子进步的时间，欲速则不达。其实，虽然我儿子在同龄孩子中计划能力算不错的，但有一次我问儿子，你每天的计划能完成多少，他说，60%～70%吧。为此，我结合自己的工作体会，通过番茄学习法，帮助儿子更好地执行计划。

8. 特适合中小学生的番茄学习法，计划执行到位的强大工具

这里向你重点推荐番茄学习法，这是一个将计划执行到位的强大工具。番茄学习法其实很简单，易学易用，现在学习，马上就可以开始实践。

番茄学习法的本质就是让你在短时间内集中所有的精力来干好一件事情，减少被打断的次数，从而达到高效学习和工作的目的。习惯上，将一个番茄的时间定在25分钟，每25分钟我们要休息5分钟，接下来，继续投入我们的学习或工作。我在工作中经常运用这种方法，最近我也开始与儿子进行分享，感觉效果不错。其实施要点是：

第一，按时早起。许多牛人都有坚持早起的习惯，不睡懒觉，这对大多数人来说，都是很大的挑战，我儿子这方面做得也不是太好，目前正在探索早起的办法，下文我也会做专题讨论。

第二，天天有计划。每天要列出待办事项的清单，然后将每件事情分配不同的番茄，比如将做一道数学题看作一个番茄，读一篇课文也算一个番茄。这里强调一下：一次只吃一个番茄，一旦番茄钟到点，无论任务完成与否都必须停止。

第三，实施有保障。要采取一切措施，确保每个番茄中途不被打断。若受到干扰，怎么做呢？如果是因为自己的原因，坚决排除并记录；如果是外部的原因且不是急事，可适当调整，待吃完一个番茄再处理。若是急事，应将番茄钟作废，待办完事后再继续。这里注意，每吃完一个番茄要休息 5 分钟，如喝水、上厕所、看远方、简单运动。我儿子平时在家每学习一段时间都会在家玩会儿球，或看远方，这也是他目前成为全班少数几个眼睛不近视学生的原因之一。当然，他也经常玩电脑游戏，不过，我会提醒他不要失控，并区分什么是积极休息、什么是消极休息。消极休息并不能让大脑恢复活力。

第四，每日回顾。要善于查看记录，分析计划执行情况，跟踪改进，这样，每天吃掉的番茄会越来越多。儿子目前之所以能应对中美两个高考的繁重任务，这个方法起了关键作用。

第五，从容进步。每天要设定有限任务，注意事情的轻重缓急，并学会随机应变，及时调整。这里需强调的是，每天确保按时睡觉，并且要安然、充满期望地睡去，不要躺在床上胡思乱想，这是衡量番茄工作法实施效果的最直观指标！

如果你是一个职场人士，可自己先试一下，看看效果，然后再与自己的孩子分享，并协助其落实。

9. 如何让孩子不痛苦早起?

许多孩子晚上不睡觉，早上不起床，如果还没有上学还好，一旦开始上学了，那么这种习惯会给孩子及其家庭造成很多麻烦。事实上，孩子养成早睡早起的习惯是一辈子受益的事。我经常告诉儿子，许多厉害人物早上都起得很早，比如华人首富李嘉诚每天6点起床，百度老板李彦宏每天早晨5点被机会叫醒。儿子点头，但似乎早起仍有困难。最近儿子事情实在太多，不早起根本无法完成任务，为此他专门在自己的公众号“Power of Curiosity 好奇心的力量”中，结合自己的体会，并请教度娘，总结出以下早起八招，看看对你的孩子是否有效：

✽ 动作要快、姿势要帅

具体来说：早上醒来时，可以大喊一声（或者怒目圆睁，在大脑中想象自己喊这么一句）：“谁都别想拦着我起床！”“1、2、3，老子要变身了！”然后起来，打破之前懒散的惯性。

✽ 思维集中于行为如何具体落实

不用想那么多早起的终极奥义、人生价值，直接想“我需要做什么”就可以了。具体来讲，坐起来，走到地上去，穿衣服，这些闭着眼睛也能做到。大脑集中于想法和实际的一致。当你不做却在想的时候，会焦虑，立刻跳起来行动就可以了。想象一件事如何具体地落实，多想即将执行的细节，会非常有利于这件事的实现。

✿ 找一件特想做的事

如每天早上起床来一段疯狂英语，最好不是打游戏。

✿ 找一个喜欢的人

早起去看一眼，前提是她也早起，女字旁的她。

✿ 设计一个适合自己的模式

如期待明天，期待明天尽早看到窗外的太阳。

✿ 睡觉前多喝水

半夜别起来，试一下，这是一种不太痛的可以早起的方法。

✿ 实在不行，来一种稍微痛的方法

定闹铃，每 3 分钟定一个，定多个闹铃。

✿ 最痛的方法

借助外力，稍微暴力一点的。

10. 课外辅导班会让孩子丧失计划和自学能力吗？

周末和节假日是锻炼孩子计划和自学能力的最佳时期，但大部分孩子的这些时间被辅导班占据，很少有机会锻炼自己制订计划、自主学习的能力。怎么办？我有如下建议：

若孩子主动想补课，父母尽量尊重孩子的意愿，但一定搞清楚孩子为什么要补。不要盲目让孩子参加辅导班。让孩子补课的父母，心里是怎样想的呢？是不是从众和焦虑心理在作祟？也许有的父母想："现在家庭条件好了，想补课也补得起了。"也有的父母想："反正该给你花的钱也花了，以后不要落埋怨，说我不管你，不关心你。"还有的父母会想："现在学的东西多难呀，我哪里会，还是花钱去补课省心。"我承认，很多父母学历低，解决不了孩子的学习问题，但是也有不少父母对孩子深度关心不够，一切都推出去，想着只要自己花了钱就心安理得了。

若孩子不想通过补课提高成绩，父母可与孩子一起探讨，有没有别的方法，比如自学，自己多做题，自己提出问题自己解决或者向别人咨询解决。我儿子前不久想参加美国高考（Scholastic Assessment Text，英文缩写为SAT）辅导班，我说可以。不过，我问他，什么样的班适合你呢？基础班可能讲的大部分题你都会了，会浪费你好多时间。其他班呢，建议他比较一下自学和参加辅导班哪个效率更高？他经过一段时间的研究，决定自学。在自学的过程中，我偶尔会问一句，需要爸爸帮忙吗？儿子说不需要，我就不再说什么了。也就是说，作为父母，我们是帮助者的角色。作为父母，我们都知道学习是孩子的事情，但最终呢，总是楞把它变成自己的事情。简言之，父母不应该擅自给孩子报辅导班。

有人说小孩子哪里会自学啊，哪里会提出问题啊，想想看，如果早早就会了呢，他的学习能力是不是会更强？他的成绩会不会更容易提高？他对自己的控制能力是不是也更厉害？前面提到，我儿子在幼儿园时我就慢慢开始培养他这样的能力了，现在已经成为他的核心能力。我也了解过一些高考状元，考上清华、北大的，没有几个是靠补课上去的。

现在的补习机构，补课老师那么多，鱼目混珠，但是效果呢，怎么评定？反正补习机构一般不会天天给您打电话告状，说您儿子不学习，因为只要打电话，估计你就会让孩子退学了。如果您问孩子学得怎么样，他不好意思说天天上课在玩。为了避免麻烦，肯定说还差不多，老师讲得还行。我听说个别孩子到周末补课的点儿就出去了，结果两个月都没上课，在外面疯玩。实际上，这些机构是在哄孩子和父母玩，对不差钱的家庭，也就算了，反正不差钱。

对于一般家庭，尽量教育孩子不做那种费钱又费时的事情。我在这里想说的是，作为父母，真的有很多比报班更有意义的事情可以做。当然，若确实知道孩子什么地方需要补，可有针对性地找一个好老师，这样，花点钱也是值得的。

现在网上有不错的老师和课程，若一定要补课，可先看看网上是否可以解决，既省钱，又省时间。若纯粹为了做练习题，推荐一个App叫小猿搜题，一般中小学的习题都有，既有答案，又有讲解，我儿子经常用。儿子考托福和SAT，网络的力量功不可没。父母朋友们若有这方面个性化的需求，可给我来信。

11. 如何通过每日计划搞定大考？

制订并执行每日计划，对提高大考试成绩非常关键。儿子高一想参加托福考试，但当时并未决定出国，只是想先考一下试试，所以必须兼顾国内高考，学校课程照常进行。但后来做起来很不容易，特别是计划制订和执行确实费了很大周折。这里，结合我的实际体会，简单回顾一下每日计划制订和实施的关键点，希望对正准备参加中考、高考或其他大考的孩子有所帮助。

其一，计划要实际。儿子刚决定考托福时，感觉压力较大，本来打算参加辅导班，后来发现辅导班浪费在路途中的时间太多，决定自学。他很快就制订了一个自学计划，可以说煞费苦心，但一段时间后发现，计划很不实际，最主要的问题是计划得太满，几乎没有休息时间，内容太多，根本完不成。后来及时调整，才渐入佳境。

其二，杜绝标题式计划。计划目标、任务和完成时间要明确，但这需要一个过程。起初儿子在学习计划中只是简单罗列一下标题，结果发现，效率和效果不好。后来，我建议他，将三个月分成几个阶段，每个阶段突出一个关键目标和任务。比如第一个阶段为 7 天，目标是了解托福考试的套路；第二个阶段是 21 天，目标是克服睡得晚、起不来的问题，彻底战胜自己，养成一个好的作息习惯。这个过程其实是很艰难的，起初没有闹铃和我叫醒，他早上根本起不来，经过 21 天的训练，好多了。这些内容我在肯学堂微信公众号有记录，有兴趣的父母朋友可以看看。

其三，切记不要由父母包办制订学习目标和计划。这一点，我在前面也提到过，这里想补充的是，即使你闲得难受，也不要做这种越俎代庖的事。有时为了节省儿子时间，我也会协助儿子制订一些复杂的计划，结果执行起来非常困难。不是孩子不想执行，而是没法执行。比如我规定儿子每天晚上 9 点半睡觉，事实上，他每天 10 点左右学习效率最高。那什么样的计划才真正适合自己的孩子呢？简单说，需要孩子自己去探索，要考虑生物钟和具体情况。比如，什么时间记忆效果最好？背单词。什么时间大脑比较静？练习听力或写作。什么时间思维较发散？做数理化等科目的题目。诸如此类，父母只能引导，没法包办。

其三，计划既要定，又要变。所谓“定”，是说计划制订了以后，就不要变来变去。每天在固定的时间学习固定的内容，时间长了，大脑就会形成固定的思维模式，这时，如果你换别的学习内容，势必会影响学习效率。所谓“变”，是说计划赶不上变化，比如突然有亲朋拜访、生病或同学找孩子玩，等等。碰到这种情况，就要根据实际情况，及时调整学习计划。

总之，学习生活犹如行军作战，要有清晰的作战目标和战术方案，才能在战场上运筹帷幄，遇到突发情况也不至于临阵乱了手脚。我儿子经过 3 个月的周密计划和实施，不但托福成绩不错，高一各科成绩也都名列前茅，而且踢球等课外活动照常进行。最重要的是，自主应对大考的能力大大提高了。这样，作为父母，就不必再为孩子的考试操心了。

12. 怎样让科技为孩子的成长“赋能”，而不是“负能”？

毋庸置疑，科技的进步和发展为人们的生活带来了诸多便利，但最近新东方董事长俞敏洪在一次分享中提出科技也会给教育“负能”，也就是说科技为孩子的成长带来了“负能量”。

首先，像小猿搜题、作业帮这样的 App 可以非常方便地帮助孩子找到习题的答案，很多孩子在学习的时候就不思考了，抄完答案作业就算完成了，自己完全没有搞懂。在计算数学题的时候，有的孩子也习惯于用计算器来完成，导致他们运算能力下降。

其次，科技也正在影响我们记忆的内容，现在许多人倾向于把大量需要记忆的东西存在手机或电脑的备忘录中，那么他们就不会触发大脑中的认知能量去记忆这些东西，久而久之，人们记忆信息的能力也相应地减弱了。这个过程也被称作“认知卸载”，即利用外界工具来节省脑力。拿拍照举例，所谓“认知卸载”就是，拍照片的人将记忆里的关于照片内容的信息“卸载”，转而交给照相机。这样一来就“节省”了自己的脑部空间，让照相机代替自己的大脑去记忆信息。

除此之外，科技的普遍使用会导致孩子注意力集中的时间变短，孩子会被手机上的游戏、抖音、微信、QQ 等内容影响，学习的专注力下降。过度地使用电子设备也造成孩子与同伴的沟通减少，语言与表达能力受到影响。

以上是科技产品对教育的负面影响。那么怎么才能让科技为孩子“赋能”，而不是“负能”呢？

第一，主动利用线上教育资源。现在各大名校都有网上课程，免费的，搜索一下都可以找到。很多国外名校的课程，也有人做了汉化和翻译，学习起来也没有语言障碍。网易公开课、爱课程、可汗课堂、TED（指 Technology, Entertainment, Design 在英文中的缩写，即技术、娱乐、设计。环球会议名称。）等，都是优质的网络学习资源。相对来说，TED 比较零散，名校课程像哈佛、牛津、剑桥、耶鲁、斯坦福等，很多课程都是系统性的，跟碎片化的学习完全不同，全部学完一套收获非常大。这些年，我不但自己在大学里深度实践慕课、微课，而且利用线上教育为儿子赋能。儿子自上小学以来，基本没上过什么课外辅导班，但我会通过在线工具、网络课程引导儿子充分利用各种学习资源和机会。比如通过有道词典，我引导儿子将所有查询过的单词保存起来，可以随时随地复习，学习效率和方便性大大提高。其实，通过网络，真正打破了时间和空间的限制。孩子可以在任何时间、任何地点仅用一部手机或一台电脑就可以查题搜题、在线观看直播课等学习活动。此外，在线教育形式丰富，文字、音频、视频应有尽有。简言之，线上教育是大势所趋，随着大数据技术的发展，大数据会告诉孩子如何有效学习，会告诉父母如何帮助孩子，精准陪伴。

第二，引导孩子学习编程，成为科技产品的“创造者”。从小学习编程的孩子将会一生受益。比如特斯拉创始人马斯克 9 岁开始学习编程；脸书（Facebook）创始人扎克伯格 11 岁开始学习编程；而微软创始人比尔盖茨 13 岁时学习编程。所以如果让孩子从小学习编程，就会让孩子的未来充满更多的可能。这样，当别的孩子在消费科技产品的时候，您的孩子却在创造产品！当别的孩子被游戏玩耍的时候，您的孩子却在真正玩游戏！我儿子最近也买了不少编程的书，刚开始学，计划忙过这一阵子的考试之后，边学习边实践编程，这对大学学习甚至未来职业发展非常有益。当然，学习编程要看孩子兴趣和其他实际情况。

第三，学会利用自学的工具。iPad（苹果平板电脑）是一个很好的自学工具，可以观看及收听各种广播，其中有不少是教育的节目。iPad 能装的 App 中，教育类占了不小的比例，可以按照自己的学习兴趣来制订学习计划。iPad 兼容各种多媒体，学习方式可以多种多样，这在一定程度上可促进孩子学习的兴趣。另一个自学的工具是 kindle（指 Amazon Kindle, 亚马逊电子书阅读器）。kindle 可以用来阅读各种各样的书籍，它的好处是，只能阅读，不能打游戏，也不能做其他的事情，不会分心，有助于专注。kindle 连接亚马逊的图书馆，绝大部分想要的书籍都能找到。通过书籍来学习的时候，kindle 可以很方便地做笔记；看英文书和资料时，自带英文字典尤其方便，点击一下即可查询，不会中断阅读，解决了以往看英文书不得不经常查字典从而使得阅读兴趣大减的情况。kindle 的笔记可以通过 kindle mate 导出来，不管是做书籍的归纳还是读书笔记的分门别类整理，都非常方便。

总之，作为父母，不是让孩子与科技隔绝，而是主动引导孩子拥抱科技，扬长避短，真正利用科技为孩子赋能。

13. 如何避免中学的“学霸”变成大学的“学渣”？

作为一个大学教授，我清楚地看到，很多孩子进了大学，没有了高考，失去了学习的欲望和动力。就算有，往往也是因为这个知识的“折现”能力比较强。什么意思呢？能挣更多的钱，能找到更好的工作。我也看到，不少高中时的学霸，进大学就不再学习了，甘愿做学渣。

这是我目前最担心的，也最不愿意看到的一种局面：大学时最需要孩子们努力学习的时候，很多人内心放弃了。仔细想想，高中时学的东西 90% 只是对高考有用，只有 10% 对人生有用，而这 10% 的知识在大学可能3个月就可以搞定。其实，高考只是国家筛选体制内人才的一种机制或一个游戏，作为父母，我们有必要去那么折腾孩子吗？

每位父母都知道应试教育不好，比如破坏孩子学习的原动力或自学能力。国家教育改革这么多年，改来改去，进步不太明显。但必须看到，到目前为止，高考仍是当下促进社会阶层有序向上流动的重要途径，是寒门学子改变自身命运的最大希望，也是守护教育公平及社会公平的重要底线。如果没有高考，父母可能会更焦虑。那么，在高考这个指挥棒下，父母到底该怎么做才有利于孩子的长远发展呢？对此，我谈几点想法：

其一，学前是培养孩子自学能力的最佳时机，一定要抓住。我的体会是在玩和生活中更容易培养孩子的自学能力。比如我儿子在上幼儿园前已经认识很多字，就是通过食品包装、汽车名称、玩具、动画书认识的，我和爱人很少刻意教他认字。至于写字，我印象中只是从幼儿园开始鼓励他写自己的名字，并没有刻意要求孩子上学前要会写多少个字，因为我觉得写字有点难，那样容易打击孩子学习的积极性。另外，我比较喜欢在生活中通过提问去激发孩子的好奇心和探究兴趣，从而达到培养孩子自学能力的目的。我儿子在上幼儿园前，我每天接他回家，上楼梯时经常问他，从一楼到六楼有多少种走法？他总会绞尽脑汁地去想，最多能想出10多种方法，为此，儿子看了百科全书《十万个为什么》。但激发孩子的好奇心一定要在学前培养，如果到小学或中学，就很难了，你再问类似的问题，孩子要么给你一个标准答案，要么不理你。

其二，随着孩子进入小学，父母一定要想办法让考试变成孩子自己的事情。有些父母信奉严师出高徒、棍棒底下出孝子，只要孩子考试不理想，就严加监督或管理，我特别反对这种做法，因为这对孩子自学能力伤害最大。我还听有父母说把考试分数当作孩子的隐私，这个想法很好，能做到最好，但我觉得全中国很少有父母能这么超然、淡定。其实，据我的亲身体会，每次考试你不想知道成绩根本不可能，学校会通过各种方式告诉你，学校怕的就是你太超然。面对这种情况，怎么办？我的做法是每次不管孩子考得是否理想，都尽量淡化分数，尽量少谈。若非谈不可，我会突出孩子考得好的科目，对考得差的科目，我会选择适当时机，帮助孩子分析原因，寻找对策。比如前面提到的化学偏科问题，我就是在分析原因的基础上，协助儿子制订了一个 3 个月突破计划，结果中考满分。

其三，协助孩子提高高考应试能力。高考是孩子和家长压力大和焦虑的根源，孩子高考应试能力提高了，就不必天天只想着考试，不管是小学、初中还是高中，都可以引导孩子挤出一定时间做自己喜欢的事，比如运动、听音乐等，这样孩子会体会到成长的喜悦，而不只是压力和痛苦。其实，高考像其他考试一样，有套路，只有透彻了解了，才能持续进步，轻松搞定，这是一个研究和训练的过程。这些年，我宏观指导儿子研究了中外许多考试，发现各种考试大同小异，关键是提高应试能力，应试能力也是能力，要去培养，要引导孩子在平时各种大考、小考的实战中去不断摸索和提高。关于这方面的内容，下文会做专题讨论。

第2章

应试赋能

不懂应试套路，何来出路？

——佚名

14. 大爱，就要让孩子经受考验

听许多父母说，国内考试的压力太大了，国外孩子考试压力很小，其实不然。比如美国高中看似宽松又自由，下午早早的就放学了。日常生活中也是经常看到学生们开心地参加学校的各种团体、举办各种活动或者体育锻炼什么的。美国高中生看似没有考试升学压力，实则不然。

《纽约时报》畅销书作者亚历山大·罗宾斯在毕业十年后，回到自己的高中母校，跟踪观察采访7位学生达一年之久，写成一本书《特优生》。该书所揭示的主要问题是，在这样的精英型高中里，追求上少数名牌大学的竞争压力过大。学校和教师对学生各方面评价过于数字化，过于看重考试成绩。其结果是，学生不是为了热爱和兴趣而学习或从事课外文艺体育活动，而是为了追求高分而学习和活动。为了外在目标，学习变得表面化、肤浅化。其结果是学生的个性、创造力等都受到压抑。更为严重的是，美国不少地方的高中，一些高才生迫于竞争和功课负担过重的压力而采取作弊行为，家长和学生对体育竞赛获奖过于狂热，家长从孩子幼儿教育阶段开始就投入升学竞争等。大学招生过程竞争过于激烈，以致一些学生因为某门课成绩得B（80～90分）而患上抑郁症，更有学生因为竞争压力过大而自杀等。

当然，美国高中竞争压力的性质和中国是不同的。美国大学招生时要求学生全面发展，招生标准也是多个方面，不但要求成绩好，包括平时成绩 GPA（Grade Point Average）、大学入学考试 SAT 等指标，而且要求课外活动表现突出、有领导才能，还要提交自述小论文、教师推荐等。因此，美国学生面临的压力和评价标准是多方面的，有多种自由发展的机会。

自由是什么？自由是一种适应，是适应这个社会的能力。同一个学校，同一个班级，同样的老师，有的孩子学习没问题，有的孩子学习问题大，根本原因还是在家庭里。虽然社会上很多声音在抱怨中国现在教育的制度问题，不停地为孩子择校择师，但是孩子如何适应才是根本。我们为孩子择校了，为他选择了名师辅导，他不能适应怎么办？

郑渊洁不满学校教育，心疼儿子，将儿子领回家自己教，希望为儿子营造一个像皮皮鲁、鲁西西一样，没有升学压力、考试排名，没有邪恶、争斗，只有舒克、贝塔相伴的童年，虽然儿子郑亚旗发展尚可，但不能说就一定比上学好。日本著名企业家稻盛和夫曾说，父母只有让自己疼爱的孩子经受严酷考验，才能让他们得到真正的成长。

细想想，古代发明考试制度的人确实很厉害，有个让人寻找合适位置的标准。现在的人们也是参加大大小小考试无数，学校中的各种考试，期中、期末、升级、升学，等等。到了社会中也有各种技能的考试，职业、专业等各种证书的考试，尤其是英语，更是让国人付出最大代价的考试之一，中国也因此成为全球最大的英语考试市场。还有，近些年出现的公务员考试。试想，如果这些考试都被取消了会怎么样呢？

考试对孩子是一种磨练，对家长也是一种考验。虽然考试因一味重复、限制想象力和创造力而被人们诟病，但考试仍然是一项有用的工具，以至于流传千年。

人们通过考试来提升自己、检验自己，也在不断的考试中丰富成长。失败、落榜，成功、通关，人们在各自考试中不断升华。虽然说人生不是用来考试的，但人生充满了各种考试。人们通过考试而成长，在社会上寻找适合自己的位置。

关于中考或者高考，道理也是一样的，孩子是否能适应一场考试？有人说这样的考试只是孩子人生成长的一道驿站。有人说，这能决定孩子的人生。我想怎么说都是可以的，问题是孩子如何适应？他的适应能力强，不管是中考还是高考，都没问题，适应能力弱，考得不好就轻生也有可能。所以，中高考，可以说是考验孩子适应能力的一种方式。作为父母，既不能排斥考试，也不能过度重视考试，造成孩子考试压力过大，如孩子对自己的现状很不满意，经常怀疑甚至否定自己；考前一想到考试就焦虑，经常失眠；不敢放松，分秒必争，否则会内疚；害怕考不好被别人看不起或责怪；很难沟通，容易对身边的人发脾气；考试的时候大脑一片空白……这些现象都要引起父母警惕。

为缓解考试压力，真正为孩子应试赋能，父母需要认识考试的基本规律或套路，并从生活中给予孩子科学专业的指导。

15. 我们的孩子应试水平不是太高，而是太低

面对中国的应试教育，许多父母焦虑，让孩子上各种课外强化班，结果越上越焦虑；还有很多父母选择逃离，把孩子送出国，但出国留学也需要考试。比如留学美国，若托福和SAT成绩差，上好大学基本没戏。若上国外的三流大学，那真的还不如待在国内上一个一般大学。

其实，仔细想想，只要涉及筛选，考试就是一种最安全、最省事、最公平的手段。虽然考试成功不等于人生成功，但在现有高考制度下，如何让孩子掌控大考，用大考的成功来开启人生的成功，是每一个中国父母无法回避的一个重要课题。怎么掌控大考呢？一句话，提高应试能力是硬功夫。

据我观察，大部分中国孩子应试水平不是太高，而是太低。其实，应试能力也困扰了我整个求学生涯，从中小学平时成绩的数一数二，到高考偏科造成的梦幻破灭，再到硕士入学统考发挥严重失常，每次大考都是辛酸与悲伤的教训。直到博士考试，虽然考了3次才中，但内心对应试多了一些从容与淡定。

这些年，作为一个大学教授，我有机会去近距离地研究许多考上名校的学霸，发现了一些端倪。有人说这些孩子天赋好，有人说学习习惯好；很多专家会用注意力、学习策略、学习动力、学习方法来解

释；还有人用成功学来解释，讲一些大道理，如“要相信自己的力量”或者是“笔记很重要”，这些听起来都不错，但照着做了收效甚微。

那么，有没有提高孩子应试能力的“万能钥匙”呢？

16年来，为了让儿子在应试方面少一些困扰，多一些智慧，我做了大量的探索和实践。到目前为止，儿子应对各种大考基本自如，成绩确实不错。虽然高考和SAT成绩未知，但我相信，儿子一定会考出理想的成绩。

事实上，每个孩子的家庭情况都完全不同，很难找到一个提高孩子应试能力的万能方法。方法如果太宏观，没法执行；如果太细节，可能对一些孩子适用，对另外一些孩子就不一定了。

所以，本书尽可能站在一个“中观”的角度，着重解决许多父母和孩子共同面临的现实问题。比如，如何应对新高考带来的新焦虑？再比如，据我了解，高考数理化得高分的孩子天赋并不一定高，那么，天赋或平时成绩一般的孩子如何搞定数理化大考？还有，现在很多孩子维持成绩靠刷题或参加辅导班，造成毕业班孩子很辛苦，但成绩未见提高，那么，如何避免刷题对孩子成绩造成的恶性循环？如何不参加辅导班提高孩子成绩？如何让应试成为一种能力？如何让孩子高分高能？如何提高高考语文作文成绩？如何让平时考试成绩一般的孩子在大考中胜出？总之，本书希望把上述问题都解决掉，希望在现有高考制度下，帮助父母提高应试教育的境界，帮助孩子们从容应对各种大考，这不仅关系孩子短期的成绩，也关系孩子未来的命运。

16. 如何应对新高考带来的新焦虑？

自 1977 年恢复高考后，高考数十年来改革不断，最大的一次改革是高考试卷由全国统一改为各省自主。但不管怎么改，教育水平未见提高。其中改革最早、最多的是江苏省，从 1994 年“3+2”模式开始，到 2000 年“3+ 小综合”模式，到 2002 年“3+ 大综合”模式，到 2003 年“3+1+1”模式，到 2008 年“3+ 学业水平测试 + 综合素质评价”模式，到 2016 年的“3+3”模式，最后到 2018 年最新的“3+2+1”模式。最近，江苏省宣布，江苏高考到 2021 年即将再次变身，废弃江苏卷，重新使用全国卷。浩浩荡荡 20 余年改革，最终回归原点。

其实，改革的初衷是好的，是希望脱离“唯成绩论”的轨道，希望高校录取到高水平的人才，办人民满意的教育，但父母似乎越来越焦虑了。当改革希望减负，搞素质教育的时候，现实却是把素质搞成了应试，孩子负担更重了；当改革希望杜绝择校费和赞助，搞起划片派位的时候，学区房却被父母拼得更高，花费更多了。

近年来启动的教改，是第二次全国性大规模改革，也称新高考，将录取调整成“高考 + 学业考 + 综合素质”三位一体的新模式，已设立时间表，各省分批按期完成，大干快上的架势明显。在这种情况下，大部分父母老的焦虑未去，又增添许多新的焦虑，比如选科问题，许多父母怕录取时吃亏；再比如录取规则的“多重标准”问题，许多父母怕录取不公平。

怎么办呢？我提五点建议：

其一，引导孩子尽快适应新高考，抱怨没有用。抱怨教育制度，不如引导孩子做好自己。万变不离其宗，再改考试还是很重要的。

其二，父母要排除各种干扰，以老老实实培养孩子的应试能力为上策，不要听专家所谓的“改革”。比如一些专家鼓吹“招考分离”。试问，如何约束高校对权力的滥用？如何约束公权对高校招生的干涉？在统一高考这么“简单粗暴”的制度下都不乏“条子生”，一旦纳入更多主观考量的因素，这些问题会不会因此失控？大学会不会成为少数投机分子的盛宴？那对大部分父母是不是更焦虑？我这么多年都在教育系统，从未利用自己所谓的关系为儿子谋福利，只是引导儿子苦练“考试”内功，所以儿子不管是参加国内还是国外考试，我都很有信心，这也是我不焦虑的根源。

其三，关于科目选择，很多父母为此忧虑。其实，我儿子都是自己决定的，他选择了理化生组合，基本没和我商量，但结果和我的想法基本一致。若他选择其他组合，可能会让我多考虑一下。从上海市2017届高三学生选科可以看出：选择最多的科目组合是生物＋化学＋地理组合，占11.42%；选择最少的科目组合为物理＋化学＋生物组合，占总人数的0.63%。专家不建议选择的组合为传统文综的科目组合，即史地政，主要原因是可报考的专业较少，会对学生的职业规划有一定限制。我觉得，这事儿父母别考虑太复杂，最重要的是应对竞争，选择自己的优势科目即可。我儿子在数学和物理方面的优势非常明显，同时，他觉得生物和化学未来很重要，所以就这么选了。虽然他从小对地理和历史很感兴趣，但并未选。若按专家意见，我儿子应选择物理＋化学＋历史的组合，原因是可报专业最广。其实，专家这些意见只供参考，一定要因人而异，否则，容易出现扎堆现象。

其四，关于新高考的综合素质，测试内容和实施由高中和高校一起搞。据我了解，发达国家也这么做，这是一种进步。问题是，父母担心不公平，很多高中认为大学在招生录取中不看综合素质评价，所以没有做的动力。同时，大学诟病高中做的综合素质评价不够真实、可信。我觉得大学录取标准的多元化、个性化是大势，建议父母认清这个大势，培养孩子的个性和独特能力，引导孩子主动了解大学的录取规则，选择适合自己的学校，而不是学习差的孩子都盯着一本，学习好的孩子都盯着北大、清华，好像考上复旦、南开就算失败。当然，这涉及中国文化的问题，不展开。

其五，关于择校，这也是困扰很多父母的问题。我知道，许多父母绞尽脑汁，买学区房、找关系，找所谓的好小学，不让孩子输在起跑线上，我觉得必要性不大。我的看法是应试教育下的中小学大同小异，孩子只要上一个所在区域的差不多的学校即可。我儿子的小学就是在一个所谓教育落后的区上，当时主要考虑离家近与方便性原则。结果考上一个不错的初中，高中被提前保送。从小学到高中，儿子感觉是在不断进步，他本可以考一个所谓更好的高中，但他觉得没必要。我也看到，不少父母，让孩子起点很高，而接下来呢，像打滑梯，孩子上的学校越来越差，其实也没那么差，主要是父母觉得差，孩子越来越没自信心，这对孩子的成长很不利。

17. 天赋不高的孩子三步搞定中学数理化大考

许多中学生数理化好，但到了大学，并不能看出他们在这方面的天赋。其实，高考数理化得高分，对大部分人来说，谈不上拼天赋，而是在高中时找到了考试的套路。这个套路可分成三步。

第一步吃透教材。数理化这些学科深不见底，试题也浩如烟海，但大考的“一切的考题都源于教材”，这往往被许多孩子或教师忽视。我想不管孩子成绩如何，真吃透教材考试拿到70%～80%分数是不成问题的，可惜很多孩子舍本逐末。

我在高中时数理化成绩突出，秘密之一就是重视教材，通过吃透教材，滤清基本知识点，搞清楚基本概念，特别注意定律、公式的适用条件。这里有一个小技巧，要让孩子自己会推导出来这些定律、公式。尤其物理这么学，感觉会节省大量时间。我在高考中物理接近满分，关键秘密就在这里。

在大学和研究生期间，我也曾做过家教，教过高三物理、初三化学、小学六年级数学，发现成绩落后的孩子，大部分是在这个环节出了问题。比如我读大一时曾给一个高三女孩辅导物理。初次与这个女孩聊天，觉得比我成熟，她知道很多歌星，我不知道，理解力也很强，似乎我说什么她很快就能懂。物理力学公式、定律都会背，但做题错误率很高。后来，我和她一起找原因才发现，她对类似速度、加速度等这些基本概念没有真正理解，对各种定律公式只是简单记忆，根本不了解其适用条件。为此，我帮助她重新复习每一个章节，帮助她咀嚼每个知识点的含义，慢慢构架她的概念体系，结果这个女孩进步很快。后来，她高考成绩不错，还特别向我表示感谢。其实，当时教辅较少，我主要用教材来指导她复习。现在，像数理化这些科目，可以买一些复习专用的辅导书，带题、复习提纲和知识点详解，估计一般学校会统一订购。这样，教材结合教辅，很快就会捋清知识点。吃透了教材，后边的事就好办了。

这些年，我指导儿子和亲戚朋友的孩子时多强调这一点，效果非常好。这里有一个妙法，就是多鼓励孩子去教其他的同学，如果没有同学可教，教自己也行。教别人时才发现吃透教材并非易事。

第二步专题训练，目的是将知识点灵活运用。我高中时有很多同学，平时学习很认真，他（她）们的笔记拿出来我都惭愧：整整齐齐、认认真真、红蓝黑标记；他（她）们知识点似乎都记住了，但是不会做题。

虽说所有的题目都源自教材，且任何大题都不能超出考纲范围，但是，源自只代表发源地，题目本身可以有诸多变化。而优秀学生，可以在面对一个题目的时候，快速在脑海中搜索出解决这道题所需的知识点、定理。这就是应用的能力。要提高应用能力，关键是能够将知识点真正理解而不是囫囵吞枣。大考的题目会变化，它一定不会和课本完全相同，出题人没那么傻，不然就不叫选拔性考试了。这就要求孩子多做专题训练，通过专题训练，适应各种变化，举一反三。专题训练要有针对性，贵在精，并非越多越好。我曾引导儿子在数学应用题中尽量尝试一题多解，效果很好。

第三步模考。大考前通常要进行模考，通常情况下，一次模考大喜，往往下一次模考就是大悲，循环往复，结果越模考越紧张，越模考心里越没底。这是许多孩子大考前焦虑的根源。我儿子在过去的考试中也曾出现过类似情况，怎么办？父母能提供什么帮助呢？我的做法是：一是要引导孩子不要把模考的结果与最终大考挂钩，要明确模考的目的；二是加强熟练度和对时间的掌控；三是找出自己的“盲点”或漏洞，以便及时补救。从这个意义上讲，模考没考好反而更加有利，只要及时补救，不仅不会影响大考，还避免了大考中由此造成的失分。事实上，模考考得好也不见得真的就掌握得很好，也许只是题目恰好漏过了“盲点”。

这些年，我儿子成绩若有波动，我一般不会过多干预，只是会从吃透教材、专题训练和模考三步上引导儿子找原因，看看哪一个环节出了问题，并采取对策。父母朋友若能引导孩子掌握好这个三步法，提高孩子大考成绩就有了套路，一定会省时又省心。

18. 如何避免刷题的恶性循环？

不管是专题训练还是模考，都涉及刷题。表面看，刷题是一把应对大考的“万能钥匙”，但事实上，很多孩子越刷压力越大，越刷信心越来越不足，同时，刷题时总觉得时间不够。这样，刷题很容易陷入恶性循环。如何让刷题进入良性循环？我有几点建议：

第一，尽量刷真题。很多孩子为什么累？买了一堆题，质量参差不齐，或者网上的一些题库，逮住就刷。很多父母、老师、孩子心里都知道题是一辈子也做不完的，搞题海战术危害很大，但实际上每天还是在搞题海战术。据我了解，我儿子刷题数量比一般孩子要少很多，那靠什么提高成绩呢？简单讲，就是重刷题质量而非数量，选择相对权威的题库。比如我知道，儿子初中主要买《五年中考三年模拟》，高中主要买的是《五年高考三年模拟》系列教辅，其实就是刷真题，感觉效果很好。记住：最好的方法就是刷真题！

第二，不要有猜题思维。有些父母或老师鼓励孩子通过刷题而猜题、背题，有时真猜对了，短期会得高分；长远来看，对大考非常不利。为什么？就是平时靠刷题与机械记忆维持成绩，但大考特别是高考基本不会出原题。这样，知识点稍微交叉与变形，就不会了。切记刷题的实质是让孩子对知识点的熟练运用，不是为了猜题而记忆。

第三，刷题最有效的做法是对比总结法，即刷完两套题后，将同一知识点或者很相似的题目归结在一起，再去做一遍，就会发现这一知识点考的类型就这么多，出题的方式无非就这几种。这样，刷第三套题的必要性一般不是太大。也就是说，若能彻底吃透一个知识点，再遇到与这个知识点有关的题，脑海能举一反三，在这种情况下，额外刷题就是浪费时间。

第四，做错题集。基本每个学生都有错题本，但错题本怎么记有效有讲究。如果老老实实把做错的题目抄在一起，那不是错题集，那只是抄写而已。首先要明白，具体的数据没有任何用处，有用的是题目的条件和运算过程的关键点。那些长篇的计算对孩子而言没有任何抄写的必要，只需要把题目抄上，写出当时为什么错，是条件看漏了，还是隐藏的条件没有推出来，抑或是其他的原因，但一定要写出来，这会提醒孩子下次做题该注意的事项。若平时就这么练习，大考问题就会很少。我儿子大考前显得比较轻松，主要得益于自己各科所总结的一张考试秘籍，考前只需看看这张秘籍即可。这个秘籍就是自己爱犯的错误，一次一次去改正仍容易犯的错误，考前若能自己提醒一下自己，效果会非常好。

第五，刷题的最高境界是用添油减醋法猜出题人的心理。所谓添油就是增加条件，所谓减醋即减少条件。对一张试卷的分析不能只对难题和经典题下手，对于那些中等难度的题，可通过条件变化把它变成经典题型和难题。研究一下中高考题就会发现，知识点孩子都会，题目看着似曾相识，但又有所不同，核心问题是条件和数据发生了变化，数据不是做题的障碍，关键是条件。很多题都是条件与结论对调，或者缺其中一个条件，透过已知的条件推出那个隐藏的条件。按照此法，一道题就立马成了四五道题，这样刷题，效率高得太多，而且针对性强。

最后，我想提醒父母朋友，疯狂刷题，就像盲人摸象。若发现自己的孩子不管刷了多少题成绩也上不去，应立即停止刷题，要把重点放在前面所讲的吃透教材和专题训练上，即使找辅导老师，也要针对这两个环节。否则，孩子会因刷题而丧失对考试的信心。

19. 英语高分又高能的套路是什么?

英语高分并不一定高能。我在美国访学时，美国教授曾问我英语是不是从新东方学的，我当时为新东方骄傲，后来才知道，这位教授带过几个华人研究生，托福成绩都很高，但听说读写，尤其是说和写的能力极差，据说这些研究生都是新东方培训出来的。这里我想结合自己的体会，谈谈英语大考如何得高分，重点谈阅读、完形填空和写作三个常见题型，希望让孩子们既得高分又能真正提高英语实际水平。

第一，背单词与阅读结合。很多孩子，包括大学生，天天背英语单词，阅读水平未见根本提高。为什么呢？主要是背会了单词不会用，并且容易忘，忘了再背，背了再忘，基本等于白背，陷入恶性循环。有些人大学毕业时，辛辛苦苦过了四六级，没过多久英语基本忘光。那怎么办呢？我的建议是从自己感兴趣的主题、文章入手，比如你对体育感兴趣，就先多读这方面的文章，读上几篇文章后，你会发现，读体育方面的文章越来越轻松，然后再扩展到更多的领域。不知不觉记住了很多词汇，这些词一看就知道意思，并且记忆深刻，这其实就是一个边学边用的过程。我儿子小时候就是这么开始学英语的，这样学起来动力强，且后劲足。

第二，完型填空的三步法——通读，精做，猜。完型填空高考必考，就是对于一段文字，进行“挖空”，而考生的任务说白了就是把这些“空”补全，使之复原。这里关键是语感，揣摩出题人的意图。这些空肯定不是乱挖的，基本上由两部分组成，单词或词组。单词的类型会包括动词、名词、形容词、代词和连词；词组绝大多数是学过的固定搭配，类型多样。根据我的体会，比较高效的解题步骤包括三步：①先通读全文。不少孩子拿着题就着急做，这样往往效果不好，我的建议是先花 20 ～ 30 秒浏览一遍全文，了解主题和大意，如果语感好，许多空该填词的类型，甚至是什么单词都可以搞定。②精做。多思考题目的考点类型，如是考查转折关系还是递进关系？是考查主语（名词、代词）还是形容词？长期这么训练，容易培养起更好的解题的“感觉”。③猜。实在不会的，凭感觉猜或者采用排除法也不错。

第三，写作的四大关键。英语写作一直是我的长项，我曾经指导过许多人参加大考，包括高考、雅思、托福和SAT，效果都很好。其中我儿子最不擅长的托福写作，经过训练最后差一分满分。当然，不同考试要求不同，这里我想强调英语写作四大共同的关键点：其一，提前想好写几段，一般高考2～3段，托福4～5段为宜。其二，把每段的关键词提前写到草稿纸上，当然，托福机考要提前直接写在电脑上，这样写起来就不会瞻前顾后，心里也会非常踏实。其三，动笔。每一段围绕关键词进行构思，一定找自己熟悉或亲身经历的题材来叙述或论述。这点最关键，很多人之所以英文写作不好，是因为习惯于中文写作的假大空，搜肠刮肚不知道写啥。其四，注意字数，托福独立写作要求最少350字，高考为120字，少了会扣分；多了不扣分，相反，老师可能会给你个辛苦分，所以尽量多写，这个平时要多加练习。

20. 高考语文作文高分套路是什么？

新高考下，语文变化不大。如果说数理化考试和智商有点关系，那么语文考试和智商关系较小。但为什么很多孩子，语文越学越累，越学越差。我觉得根本原因在于没搞清高考语文的套路。我曾问过许多语文真正学得好的孩子，最重要的一条就是从小喜欢看闲书。我高中时语文不太好，写作总是胡编乱造，从来没有写过自己想说的话。

但到了大学，看了半年的闲书，突然开窍了。后来我尝试做了高考题，感觉写作下笔如有神，阅读理解也豁然开朗，感觉语文就这么不攻自破了。

高考作文占比较高，通常为40%，若作文突破了，高考语文自然就突破了。所以这里我先重点谈谈考高作文的五点体会：

第一，一定想办法打动阅卷老师，这是王道。先看高考作文是怎么阅卷的。以山东省为例，全省夏季高考55万人，阅卷时间12天。电子扫描，网上阅卷，双评打分。阅卷老师人数有限，平均每份作文的批阅时间只用12～30秒，速度比兔子还快。所以，写作文迎合老师的情绪很重要！

第二，用思维导图确立主题。用思维到确定：你想说什么道理？高考作文一般为材料作文，议论文为主。给材料既是提示写作思路范围，同时又是限制写作范围。阅读材料后，先归纳材料抓住材料主题思想。作文的主题表现了作者的三观。写作再优美，三观不正难得高分。在思想上要保持绝对的政治正确，少提阴暗面，视野放在阳光下。要积极向上，提供正能量。庸俗的选材坚决不要，爱情题材的阅卷老师也不会欣赏。

第三，作文题目：要抓眼球。从心理学上讲，一个人在第一秒钟内给人的最初印象，占总体评价的50%，以后持续很长时间也难以改变。作文题目的好坏，就是给阅卷老师的第一印象，不要大意。题目一定和文章内容相联系，这几个字是文章内容的浓缩。用两三个字想把内容概括起来，这是技术活，本事不到火候，最好别用。建议五个字以上，也不要太长。有老师指导作文，建议用章回体式的题目，想法新颖，效果不错，就是用《三国演义》目录上的那种方式。也可以套用古诗词上的对偶句式，这类题目在报纸新闻上常见。如生于忧患，死于安乐。经常做练习，积累归纳，不难做到。如果在作文题目上出现亮点，让阅卷老师眼前一亮，精神一振，心情爽朗，不给你高分都不好意思！

第四，关于作文开头。首先，第一段一定要打草稿。如不打草稿，一开始就出现了勾画、修改，卷面就会扣分。为什么强调第一段？因为这是阅卷的重点，只有打草稿再抄上去，才能保证书写规整，卷面清洁，落个好印象。像找对象一样，把脸洗白了再见面。其次，第一段千万不要太长，简洁明快，开宗明义。三五句话，把主题交代清楚就行了。如果意犹未尽，可以分成两段。目的在于让阅卷老师知道，你想表达什么观点，让阅卷老师在5秒内看完！字数坚决不超100字，两行半是上限。另外，有文采要在开头展现。最好句式整齐，铿锵有力，引人入胜。总之，第一段要给人一个继续看下去的理由。

第五，关于论证。首先，选材方面，一定要选择提前准备好的、与文章立意一致的典型素料，否则写作赶鸭子上架，基本就完蛋了。其次，若议论文，结构是靠模板的，关键是平时要总结好适合自己的模板。议论文的意义在于分析问题和解决问题，高考作为一般五个自然段为宜：①引言：提出核心问题或中心论点、激发阅读兴趣；②列举现象：与人共鸣；③揭示现象的本质与根源：发人深省；④提出解决问题的思路与方案：让人豁然开朗；⑤结尾。结尾要简短有力，深化主题，前后呼应。这里我想说，第一段是阅卷老师批阅的重点，最后一段同样也是重点，让阅卷老师感受到意犹未尽，从而感动阅卷老师，这个太关键了！感动别人没用。

以上五点，就是高考作文的套路，若孩子了解了，高考作文一定会突破，应对高考语文就会越学越轻松。

21. 理科生语文高考误区和高分技能

多数偏理科的孩子不喜欢语文。其实，喜欢语文不一定能得高分。那高考语文怎么得高分呢？首先要避免两大误区。

误区 1：语文主要是靠死记硬背，没什么取巧的方法。事实上，语文的确和积累有关，不过，学好语文还是有捷径的。

误区 2：高三阶段想提升语文成绩，既缓慢又浪费精力。其实，语文试卷上除了作文之外，能显示素养的东西几乎为零。大部分还是应试的策略。只要是应试，就有套路，就要掌握应试技巧。

这里，我重点谈理科生学好语文得高分的三个技巧：

技巧一，坚持早读。可以每天晚上提前选择文章，早上起来大声地、不停地朗读。理科生喜欢动脑，不喜欢动口。其实，人的脑子、嘴巴是不能截然分开的。研究发现，即使只用眼睛看书默读，嘴唇也是有轻微的动作的。更何况，心理学研究表明，知识通过看、读、听多渠道进入大脑，会记忆得更牢。我儿子也是理科男，早读方面做得不好，后来，为了应对托福的口语考试，开始早读，效果非常好，我想语文也是一样。

技巧二，学会泛读。父母应鼓励孩子博览群书，只要有空就要随手翻翻能接触到的古今中外的书。注意是泛读，而非精读。理科生钻研数学，容易掉入专而不博的泥淖。而泛读文学作品或者其他读物不但能弥补这个不足，而且还是用脑过后的最好的休息放松方式。数学靠逻辑思维，一般人用左半脑，而语文靠形象思维，一般人用右半脑，互不影响，互相补充，互相促进。

我儿子小时候读历史及科普类的闲书很多，随着学业的加重，泛读的东西有所减少，语文成绩有所下降。但我坚信只要他能坚持早读和泛读结合，语感、直觉就会逐步提高，那现代文和文言文阅读、诗歌鉴赏、大阅读一定不会有大问题。

技巧三，上课一定要听好，不要背着老师另搞一套。这里我想说的是，其实语文老师好坏，不会对孩子成绩有太大影响。尤其到了高中，有没有老师教都无所谓，许多高中生就没听过语文老师讲课，但语文成绩照样挺好。但为什么我要强调好好听课呢？主要出于学习效率问题。理科生不像文科生，课外还要花时间去搞语文习题。若保证上课听好，基础知识和一些死题没有问题，那么其他作文、活题就好办了。

以上三点，父母若能引导孩子搞明白，一定会破除理科孩子高考语文的烦恼。

22. 如何让孩子大考超常发挥？

一些孩子平时学习优秀，一遇大考就发挥失常。在我过去的考试经历中，发挥失常也是家常便饭。其实，每次大考后，总听说有同学超常发挥，成为黑马，而有的同学发挥严重失常。这也是很多父母和孩子大考前焦虑的最主要原因。那么，怎么在大考中正常或超常发挥？我总结两点心得。

一是要养成幸运的心态。什么是幸运心态？就是无论平时模考成绩多么差，都要坚信最终的大考一定会成功，这样在考前具备了成功的心理，考试时往往会超常发挥。我上中学时由于对自己要求过分严苛，结果每次模考用希冀绑架自己，吃了很多苦头，面对大考总是忐忑不安，六神无主，害怕失败，想要急流勇进又畏手畏脚。最后，发现这种对失败的恐惧和对成功的贪婪会吞噬掉整个生活。总之，太用力、太希冀，捆扎住了我的全身，使我在高考中溃不成军。直到我考硕士，这种情况还不同程度地存在。到考博士时才真正成熟，考了三年，每次考试发挥都非常正常。关于这些经历，我经常与儿子分享，儿子似乎从中吸取了老爸的这些经验教训，每逢大考都超出平时模考和预期，状态特好。

二是通过 1342 法，逐步达到超常状态。啥是 1342 法？就是拿到试卷后，按照先易后难的顺序走好四步：第一步，就是做好 1。所谓 1 是指 10% 一看就会的题，在考试时，要在最短时间内把这些题挑出来，确保做对。由于一看就会，一做就对，10% 的题可能只用 5% 的时间，这样做起来会很流畅、很愉快，一旦做完会让自己快速进入真正的应试状态。第二步，就是做好 3。所谓 3 是指 30% 稍加思考就能做出来的题，这 30% 的题可能只用 20% 的时间。这样的话，40% 的题只花了 25% 的时间。若能走到这一步，孩子会觉得心理很踏实，自信心会开始增强，考试状态也会渐入佳境，大部分学生通过训练都能进入这一步。第三步，就是做好 4，所谓 4 是指 40% 中等难度的题。这 40% 对成绩好的学生，一般用 30% 的时间就做完了；对成绩一般或差的学生，可能要花 50% ～ 70% 的时间。若孩子能顺利进行到这一步，都属于正常发挥。第四步，就是做好 2。所谓 2 是指 20% 最难的压轴题。对这 20%，学习差的孩子一般不会做，也没有时间来做，所以做不出来通常没什么遗憾。而对成绩中等的同学，有可能经过前面三步之后，情绪稳定，灵感来了，可能出现超常发挥。而对不少尖子生，通常觉得没有难题，总试图从第一道题开始，全部做对，一旦有一道题卡住，到压轴题时时间就会非常紧张，本来能做出来的题也做不出来了，这就出现发挥失常。

我上学时也知道先易后难，但一上考场全忘了。印象中我研究生入学考数学时，第一道选择题很难，花了我很长时间才做出来，结果试卷背面有 30 分的题没看见，直到考完有同学跟我对答案时我才发现。当时真的有点像晴天霹雳，因为平时模考都是接近满分。所幸所答的 70 分题全对，没对总成绩造成太大影响。后来，博士考试时才真正开始吸取这些教训，结合自己做家教时的一些体会，总结出这个 1342 法，让先易后难的理念真正落地。我儿子从小考试就实践这个方法，这也是他每次大考都能正常甚至是超常发挥的秘密之一吧。印象中儿子几次小考也出现过较大的失误，归根结底不是水平，而是没有很好地落实这个方法。若父母朋友能引导孩子掌握这个方法，相信孩子每次大考都能很好地发挥。仔细想一想，若孩子会做的题都做对了，那大考还有什么紧张和遗憾的呢？

23. 孩子应对大考的最佳心理是什么?

考试紧张是人类神经机制在起作用，是无法抗拒的。而且适度的紧张对考试是有好处的，会调动我们身体的能量，以充沛的精力完成任务。对孩子来讲，适度的紧张有四种具体表现：

✽ 有一种时间上的紧迫感，复习处于兴奋状态，并且不易疲劳；

✽ 睡眠也许不如平时塌实，但醒后立即觉得精力充沛；

✽ 进考场之前心跳加速，甚至拿到试卷后可能仍然心绪难平，但不久就专心致志地答题；

✽ 有时复习的时候想到考试可能觉得很紧张，但只要进入学习状态这些想法就消失了。

以上四种情况，都属于适度紧张，但很多孩子遇到大考会出现过度紧张，也叫考试焦虑症，这就必须引起父母注意。那么，如何判断孩子是否有考试焦虑症呢?

一个简单的判断标准是：这种不良的情绪是否产生了负面影响。若没有对考试形成负面影响，不属于考试焦虑症；若严重影响了考试的发挥，就是了。主要表现在：考前，复习不进去，担忧考试的失败。考中，紧张，发抖，平时复习的东西都想不起来了，但一出考场什么也都想起来了，结果考得一塌糊涂，这就是考试焦虑症。

为什么会出现考试焦虑症呢？主要原因是想多了，可能担心自己考试不能通过，担心失败，担心考差了前程是不是就完了，等等。他们关注的是自我，而不是考试这件事本身，这在心理学上叫“自我卷入”思维。

进一步研究，发现一个很有趣的现象：几乎所有的考生在考场上都会出现应激的生理反应，如上面所说的呼吸、心跳加快等，但有的考生会受到严重影响，而有的考生却没有。

为了解释这一现象，心理学家将考生分成高焦虑型和低焦虑型两类，高焦虑型的人认为这些反应会影响他的考试发挥，使自己精力衰竭，而低焦虑型的人认为这种躯体反应能使自己集中注意力，答卷反而更有效，从而有助于提高自己的考试成绩。

看来，关键不在于是否出现躯体症状，而在于孩子是如何解释这一症状的，如果孩子认为躯体症状是不正常的，可能会妨碍考试成绩，他就会更加紧张，否则的话，反而有助于考试发挥。

所以，要应对考试焦虑症，最关键的对策是父母要把孩子培养成为低焦虑型的人，这不是件很容易的事，也不是一天两天的事。

应对考试焦虑症的另一个对策是克服拖延症。很多孩子之所以对考试感到焦虑，是因为考前有严重的拖延症。他们可能制订了一个非常完美的复习计划，如早晨6点起床背单词，上午复习语文和数学，下午复习物理、化学等。但执行时，他们就会借故拖延：“我现在还困着呢，再睡一会儿，如果不睡，学习也没有什么效果！”这种拖延症往往会导致考前焦虑症。在这种情况下，应对考试焦虑症只要克服拖延症即可。我儿子也曾有过拖延症，我通过引导他制定有限任务并坚决执行，坚持了21天，结果拖延症明显减少，考前焦虑也少见了。

24. 父母对待应试教育的三重境界，决定孩子的成绩和命运

我觉得父母对待应试教育有三重境界，这不仅决定孩子短期的成绩，还可能决定孩子未来的命运。那么有哪三种境界？看看你目前处于哪种境界呢？

第一重境界，抵触应试教育。中国著名儿童文学作家郑渊洁，当年因为对学校应试教育有保留意见，让小学毕业的儿子退了学，领回家自己教。女儿出生后，郑渊洁如法炮制。结果女儿跟儿子相反，非要上学。郑渊洁拗不过，随了女儿。不过，他依然不按常理出牌，他不让女儿上北京市所谓的重点小学，而是去了北京远郊山区的小学。觉得那里空气好，有利于儿童身心健康。后来，又将女儿转到北京一所国际学校就读。结果没想到女儿从小学到大学，一路学霸。高中毕业被美国六所名牌大学同时录取。

这里我想说的是，郑渊洁教育子女属于个案，父母没法照搬。盲目拒绝应试教育或送孩子出国不一定是好事。就拿出国来说，不一定适合每个孩子。父母应在初中毕业或高中阶段，看看孩子的价值观、兴趣爱好，同时，结合孩子的意见，观察适不适合去国外、能不能适应国外不一样的文化环境，然后再决定是否出国上学。如果孩子能适应，而且父母又具备经济条件，我觉得可以送他们出去。然而，有些

孩子比较依赖家庭、心智成长较慢就不太合适。还有，国外的教育并非十全十美，不少中国孩子留学国外也是一无所获。尤其对大部分经济条件不够宽裕的家庭，更应慎重，毕竟留学费用不菲，少则几十万元，多则几百万元。

第二重境界，迎合应试教育。有父母曾问我说：让学前儿童大量背唐诗、学数学、认字，对不对？我的回复是：不对。因为严重不符合孩子的发育规律。这是大部分中国父母的做法，其实是为了完全迎合应试体制，应试教育要求什么，我就去做什么。说严重了，可以说是应试教育的“帮凶”。我觉得，面对中国学校过于功利的状况，家庭教育应起到缓冲作用。比如我儿子小升初时，学校给的压力很大，我经常给儿子减压，鼓励儿子该睡觉时睡觉，该运动时运动，该参加体育比赛时就参加，尽管有时班主任反对。

其实，从高考角度，高中前根本没必要把孩子搞得那么累、那么紧张。我知道有些妈妈过度关注孩子，学前陪孩子上各种兴趣班，中小学陪孩子上各种补习班，结果越陪越焦虑，同时不断向孩子传递焦虑，给孩子太大的压力，就像对着一棵树老是浇水，这棵树是长不好的，甚至会出问题的。

人生不是短跑，而是一场马拉松——马拉松从来没人抢跑，因为绝不会“输在起跑线上”。所以，我在教育儿子方面，特信奉我老父亲的话：一定要慢慢来！要给孩子创造空间，不要让孩子和妈妈们过于焦虑。

第三重境界，驾驭应试教育。高考不能和应试教育画等号。几乎所有的国家和地区都会有类似高考的选拔方式，却没有出现像我们这么严重的“应试教育”，即在教育过程中将孩子“物化”和“道具化”，让孩子失去独立思考能力，甚至产生人格扭曲。其实，我反对应试教育并非反对高考，毕竟高考是唯一相对公平的招生方式。作为父母，我觉得帮助孩子驾驭应试教育，关键是什么呢？就是要了解高考的套路。如果你能搞定高考，平时还有必要那么过度关注应试教育吗？其实，中小学知识点很少，让一个成绩中等的初中生学习小学知识，可能一个月就搞定；以此类推，高中生可能一个月搞定初中知识，大学生最多三个月搞定高中知识。但我们不少父母引导孩子反过来学，幼儿园学小学的东西，小学学初中的，初中学高中的，到大学，不知道学什么，甚至厌学了。事实上，高中知识从量上来说真是很少的，数理化的知识点一张 A3 纸就能厘清了。问题是都想考北大、清华，比拼的是在谁都会的情况下看谁犯错少，因此需要不断地进行重复训练。假定重复训练 10 遍和 50 遍的区别很大，那么，重复 50 遍和 100 遍的区别就小得多了。我这些年每逢儿子大考，总引导他确定合适的训练量，即有限时间有限任务。只要每天完成既定任务，该休息就休息了，训练多了或想多了都没用。

当然，临场心理素质可能影响孩子考试成绩 50 分上下的浮动。结合自己的体会，我通常采取四种方法调节儿子的临场心理，一是让儿子专注考试本身而非其他；二是用模考检验儿子的状态，并有针对性地帮助其进行心理调节；三是平时引导儿子把自己想象为出题人。最好拿到任何题目，想清楚出题人想考哪几个考点；四是作为父母，也要管理好自己的情绪，绝不在大考前人为制造紧张气氛。我为儿子能驾驭应试教育，并从中锻炼出专注力、执行力、时间管理和心理调节能力而感到欣慰。我分享这些心得的目的是希望父母朋友们比我做得更好。

25. 如何将应试教育和素质教育结合起来?

网上看过一篇文章，说现代教育没有那么大的力量，它最大的作用就是通过应试教育改变底层人民的命运，把孩子变成一个对社会有用的人。比如安徽的毛坦厂中学，大家都说它是高考集中营，其实只有这种方法，才能让底层的孩子克服自己的那些习性，然后进入一个大学的门槛，他们的一生的命运才能被改变。

但对于中产阶级，主要培养孩子更多的体育特长、更多的才艺，如唱歌、跳舞、画画，还有独立思考、口语表达、社会交往、组织管理、探索问题的能力。学校教育的作用就没有那么大了，最主要起作用的是素质教育，家庭和学校联手合作，才能让这个孩子变成一个更优秀的人，来等待社会的挑选。

而最顶层的精英教育核心只有一条，就是培养他们的决策能力。这样的学校往往也不讲究什么纪律，为什么？他们的观念是：你是你的船的主人，开快开慢你自己决定；我们要教你的就是：学会怎样决策你的快慢。学校说白了，那就是提供一个基本的环境，最终起作用的是家庭本身的思想观念、社会阶层和财富地位。

上述观点有一定道理，但我觉得各个阶层都需要点应试教育，也许是底层思维在作怪吧。可能很多父母觉得中国基础教育应试化太严重，忽视素质教育。事实上，中国高等教育问题更多。但对许多父母来讲，什么是素质教育，其实并不清楚，有人觉得素质教育等于快乐玩耍，应试教育就是痛苦考试，将二者对立起来。其实，都是误解。其实，应试的根本目的是筛选，说应试不好，有更好的办法吗？古今中外，改革来折腾去，应试仍是最公平、最简单的筛选人才的方式。

从本质上讲，应试就是一个人生游戏，游戏就有游戏的规则，游戏就有游戏的苦乐。很多父母提到应试教育，第一反应就是痛苦、抵触，既然这样，就不玩了呗，但还要玩，并且自己亲自参与玩，玩得很焦虑、很纠结、很犹豫。实际上，若没有了这个游戏，你可能会更焦虑。那么，怎么办呢？现实的选择是将素质教育与应试教育结合起来，我尝试谈两点具体想法。

第一，内心接受应试教育。目前对父母来讲，最大的诱惑就是素质教育，最大困惑就是将二者对立起来。人生有很多大考，高考算是第一次，父母的责任是引导孩子投入玩这个游戏，只要投入了，孩子就会苦中作乐，痛并快乐着，这样才会成长。其实，孩子的快乐主要来自游戏的过程和结果的不确定性。若结果是确定的或过分关注输赢结果，可能玩这个游戏就没意思了。就我个人来讲，会通过儿子喜欢的事引导儿子接受应试教育。比如，我儿子喜欢足球，小时候很多次踢球比赛之后满脚都是血泡，走路都没法走，我把他背回家。有时，我会问儿子，踢球很苦，为什么你并不觉得苦呢？他的回答很简单：喜欢。我说，其实学习考试也是这样，看似苦，只要喜欢也会很快乐。其实，真正的素质教育不一定就快乐。以物理、化学为例，是学会做题考试还是学会设计实验、做研究更快乐？我想任何一个接触过实验室的人都会给出答案。不夸张地说，相比做实验、搞研究、发文章，应付卷面考试算是很快乐的事情了。若应试都不会，面对复杂的实验，成千上万次的失败，可能会更痛苦，许多大学生厌学就是这个原因，后边的课程会做专题讨论。

第二，要在学前主动培养孩子的应试技能。应试的本质是竞争，但孩子并非天生喜欢竞争，所以，学前要在玩中培养孩子的竞争意识。比如，我在儿子刚学会走路时，就和他比赛跑步，一直到小学三年级前，儿子都比我跑得快，并且快很多，他因此受到很大鼓励，非常喜欢和我赛跑，并且跑得越来越快。到了小学四年级时，儿子仍然比我跑得快，但他发现，和我的差距越来越小，竞争越来越激烈。到了五六年级时，我俩的竞争就更激烈了，会互有胜负，比如儿子喜欢三局两胜，通常结果是儿子三胜。印象中到初一时，儿子个子开始超过我了，我俩有时一起到公园跑步，我发现，我真的跑不过他了。就这样，儿子的竞争意识不断增强。从幼儿园到小学、初中、高中，儿子一直是区或校短跑冠军，轻松成为校园小飞人。但我觉得和儿子的赛跑并未结束，现在我偶尔会和儿子比赛长跑，我告诉儿子，若能有一天，你在长跑方面能超过爸爸，那才是真功夫。

前不久，我和儿子到公园散步，我问儿子，到目前为止，你人生最大的竞争优势是什么？儿子想了半天，说是考试能力。我说，这个能力很重要，不但高考有用，考硕士、博士也很有用，我建议他，结合中美高考，持续提升自己的应试技能，并鼓励他："爸爸真正到考博士时才具备了成熟的考试心理和技能，你现在才高中，一次失败其实没关系，要不急不躁，按照自己的节奏，学会打持久战。"我觉得这算是我将应试教育和素质教育结合起来的一种尝试。

26. 一位刚被斯坦福大学录取的孩子给父母和学生的箴言

这是一位刚被斯坦福大学录取的孩子送给所有父母和学生的箴言：

昨天，星期一，我被斯坦福大学录取了。

了解这个过程的人都清楚，作为一个没有美国身份的国际生、作为一名华裔，在早期阶段申请名校是不具备多少优势的，甚至说，处于劣势。在接近于百分之三的录取率面前，我显得如此渺小。

但是，这并不代表我是脆弱的。因为我清楚我自己的实力，清楚自己的努力和付出。我清楚我是否适合这个学校、这个环境、这个人群。而正因为我能够清楚地在自己的轨迹上面奔跑，我才得以有自信地展现给他们：我知道我能做到什么，更知道我想要什么。

我相信在这个环节上面，大家都像曾经的我一样，最想知道的是SAT要考多少分、要读几门AP（Advanced Placement，美国大学预修课程）、要做多少志愿者。是的，这些我也都曾经苦苦关注过。但我很庆幸，因为我最终没有因为这些而活成了招生官“想”看到的样子，而是让招生官看到了我自己最真实的样子。真实的个性，是这个环节当中最容易被忽略但最不可缺少的一把钥匙。我不是为了变优秀才去做一件事，而是因为真心爱着一件事，才得以做得优秀。

可能大家还是想看到一些数据吧。那好，我可以用我的一些数据来告诉你们，我并不完美，也并不是为了追寻完美才去做这些事。但一个大学要的从来也不是一个完美的人，而是一个有信心、有怀抱的可塑之人。

我的 SAT 成绩 1510，ACT（American College Test，美国大学入学考试）34，比我低的人大把，但比我高的人也数不胜数。我只考了两门 AP，生物和化学，因为我保证了质量而不是数量，所以两门都是五分。我也只考了两门 SAT 2，也是生物和化学，一个 800，一个只有 740。我所在的学校没有 AP 课程，我是自学的。但我是因为喜欢生物才去花时间自学这些的，而我自己对生物的兴趣远远超过了 AP 所要求的范围，所以我学习的同时也是在发展我的兴趣。今年，我打算再考两门 AP：法语和计算机科学。我相信大家也看到了，我的这些课程与很多亚裔学生不同，并不只局限于数理化这些看似“重要”或“高难度”的课程。我所学的、所做的，都是来自我对生物的爱好，以及对语言和计算机的兴趣。因为我喜欢，所以我自信，并且能够做好。

在这里，我可以告诉大家，我的父母从来没有想让我做个理科生，也没有逼迫我上任何多余的理科补习班。他们曾经甚至有把我向文科以及艺术方面推的想法。但最终，他们把所有的选择权都交给了我，而我，将它交给了我的心。如果你想知道我的主文书写了什么，这便是答案。我写的东西很纯粹也很赤裸，就是我寻找兴趣的成长过程。作为一个一直在海边长大的孩子，我叙述了我从一个爱看妈妈处理鱼的天真小孩，到第一次在生物课上做解刨时的兴奋。这个故事听起来并不是有多新奇，但我之所以能够把它写好，就是因为我很真实地描写了我的个性、我的特点以及我的信仰。我清楚地描绘了我自己，作为一个鲜明的、有主见的个体，而并非一个完美的模子所刻印出的模板。我觉得作为父母，你可以为孩子做到的最大的一件事，就是给予他们鼓励和空间去探索、去寻找自己的心所在何方。

好了，说了这么多学习方面的，大家可能会问我的课外兴趣了。

我可以告诉大家，我课外的成绩和我的学习成绩一样，处在一种说低不低、说高不高的位置。我是一名游泳运动员，而这，几乎是我全部的课外活动。我没有参加过什么数学竞赛，没有什么让人眼前一亮的义工组织，我甚至在学校没有参加过一个社团。但是，我将我全部的时间和心血都放在了这一个运动上，而且我将它坚持了十年。是的，十年没有停歇。每周九次的训练，早上上学前五点一次、放学也有一次。我的周末在训练，我的寒假在集训，我的暑假在比赛。当所有人在暑假报班补习 SAT 的时候，我在全国奥运选拔赛。当大家寒假补习 AP 的时候，我在加州参加集训。这，才是我真正的课外兴趣。因为我和游泳这项运动之间已经产生了一种割舍不掉的感情，而这种感情从来都不是建立在“为了给招生官看”的基础上的。这是我从小以来的坚持和陪伴，也是我发自内心的兴趣和爱好。

也许你们会觉得，虽然只有一个课外活动，但是我取得了很好的成绩。是，我承认达到全国最高级别的比赛是很令我自豪的一件事。可是同样，比我成绩要好的人从来都不少，我这个年龄参加了奥运会的人我身边也数不胜数。我可以告诉你，我的水平完全达不到斯坦福校队的水平。但是，我不是他们，我也没有必要把我自己变得如同他们。因为我，也有我自己的优点。

如果你是一个成绩无比优秀的人，那你完全可以用你的成绩作为筹码，这点我并不反对。但是，如果你像我一样，为自己的心而努力着却远远达不到完美，你的筹码在于你的坚持和信仰。谁说没有取得成绩就一定要被归为平庸？在我的心里，我对得起我的坚持，就永远都不会平庸。而恰恰正是因为我能够坚持十年这个在他人眼中所谓的“平庸”，才给了我足够的信心在我的主文书中告诉招生官，我是一个会为了自己的坚持去拼搏到底的人。

在我的附加文书中，我写的并不是我的成绩，因为这些成绩只是冰冷的数字。我写了我运动生涯中所有的失败。我写的是我如何跌倒、如何从巅峰到谷底，再到如今的平静。我写了我的成长，写了我如何学会在失败后明白，我不是为了成绩和奖牌而去游泳的。我是为了游泳带给我这份纯粹的快乐。所以即使我在这件事上“平庸”又怎样呢？我追求的是它带给我的意义，而不是名利。

最后，我想告诉大家，一定要问自己也问孩子，为什么想要上某所学校、某个专业。当你申请一个大学的时候，你一定要清楚为什么你觉得这所大学会适合你。你为什么需要它，而它又为什么需要你？它能给你带来什么，而你，又能为它的师生环境带来什么？如果你能够清楚地回答这些问题，那么，将这些回答融入你的申请里，让学校看到，这百分之三的名额，非你莫属。

27. 人生五次大考，这次失败是人生最大的遗憾！

人生共有五次大考，每一次大考的结果都很重要，但更重要的是了解每次大考的基本规律和对待结果的态度。

第一次大考，高考。一个孩子从小学、初中到高中，粗略估算，类似期中考试、期末考试、模拟考试的“小考”要经历100多场。高考是人生第一次大考。尽管孩子久经“考”验，但是极少孩子真正掌握大考的技能，造成时间不够，或精神紧张，或注意力分散，该会的不会，该做的没做，最终发挥严重失常。事实上，高考状元也并不一定是智商最高，而是掌握了高考这门技术含量很高手艺的核心技术。那么，突破高考核心技术的路径是什么呢？我觉得是要遵循水桶理论，找到自己的短板，确保各科均衡。抓住每次小考好好演练，小考结束马上制订学习计划，并真正落实，大考前放松考试即可。

我经常告诉儿子，小考结束，学习真正开始。这样，大考自然会很顺利。即使万一高考失败了，但孩子的人生也不能失败，可惜，很多孩子因为高考失利，没上一本，而放弃了继续学习，荒废了学业。

第二次大考，学业。高考前，在全国大大小小高中生的教室里，会看到一些疯狂的标语，什么“要成功先发疯，头脑简单向前冲”，什么“考过高富帅，战胜富二代”，这些标语不断提醒孩子们高考有多重要，他们须努力再努力。这样，不少人把考上大学当成了自己学业的终点，一旦考上大学，就窝在寝室看剧打游戏，四年时光匆匆而过，虽然是一起走进大学，毕业时却走向不同的人生。事实上，大学学业是人生的一次真正大考，可惜的是，很多人迷茫了，失去了学习的动力。那怎么办呢？

这里我想和父母分享的是，大学一定要遵循“金刚钻”理论，要引导孩子开启探索之旅，用心真正学习，掌握招揽瓷器活的真本领。当然，深层的问题是如何找到学习的原动力，本书后边的章节会做专题讨论。

第三次大考，事业。工作后，百分之八十的人干的事，是职业；百分之二十的人干的事，是事业。通俗讲，职业就是你八小时之内干的工作，而事业是你八小时之内和之外都要干的工作。职业和事业虽然只一字之差，但对一个人的付出和收获来说，却有天壤之别。其实，大多数打工者没有事业，高级经理人不过是高级打工仔，即使私企的大老板，若还在为生意奔波，也谈不上事业，这样的人一生也很难找到自己真正的价值。

这里我想说，为什么干同样的工作，有的人当成事业来看，而有的人只是看成维持基本生活的职业选择？我觉得最关键的是对待工作的心态。许多人一生都是学生心态，领导安排什么就做什么，被动接受工作任务；优秀的人往往具有创业心态，将不感兴趣的事变成爱好；将不熟悉、不懂的变成精通！最终将职业变成了事业！

第四次大考，健康。最近，在我认识的人中，有的人得了重病，有的人患病不能治愈，有的人愁苦常伴，有的人痛不欲生，有的人溘然长逝……我有时也悄悄地问自己，人活着到底是为了什么？为了金钱？权势？名誉？为了活着？人生几十年，死后终归尘土，但究竟应该怎样活着？每个人的回答肯定是不同的。

我的想法是：在人生的多次大考中，健康绝对是最重要的一次。人的身心健康状况决定了生命存在的意义，等有一天你的健康没了，身体日渐虚弱，那就进入风烛残年。有人可能认为，这时不再有考试了，可以放心休息了吧，别忙下结论。

第五次大考，死亡。进入风烛残年不等于没有考试，人生最后一场大考已经临近。在死亡这道大考面前，其他考试都是小儿科。因为你不解决死的问题，你的人生就算走对了九十九步路，却栽倒在最后一步死的路上。孔子在世时，有人请教他死的问题，孔子很直率地回答：“未知生，焉知死”，意思是我还没搞明白生，所以更不知道死。

面对死的考验，我的想法是：人生最重要的是通过试错找到自己人生真正需要的生活，各种大考、小考，或兴奋、开心，或失望、难过甚至绝望，那算得了什么？所以，从这个角度，我越来越觉得，每个孩子都应该有一段自己的、与别人不一样的人生旅程，父母的重要职责是帮助孩子找到他想要到达的目标，并赋予他往前走的力量，相信孩子终归会到达。人生最大的痛苦不是没钱、没权或没名，而是遗憾。其中，若没把孩子培养好，我觉得对许多父母来讲，应该是人生最大的遗憾。

第3章
心力赋能

健全的心力是孩子应对各种人生挑战的核心竞争力。

——佚名

28. 三类爸爸，你属于哪一类？这才是孩子不爱学习的根源！

对待孩子学习，三类爸爸的表现不一样，看看你属于哪一类。

第一类，松爸爸。这类爸爸的主要特点是：不管孩子成长过程，只求结果；自己不思进取，把希望寄托在孩子身上；常常把锅甩给老师，无视孩子的一切，把很少时间留给孩子，用别人家的孩子贬低自己的孩子；常常认为学习是苦差事，任由孩子不学无术，觉得孩子问问题好烦。

第二类，严爸爸。这类爸爸的主要特点是：对孩子急于求成，常常拔苗助长；只为孩子争取教育机会，重言传，少身教；授之以鱼，给孩子提供答案；全天盯着孩子，但一刻不留给孩子，也不留给自己；感情用事，喋喋不休教育孩子；用别人家的孩子树立榜样；为孩子规定一切动作，挡住未来一切未知；觉得自己是无所不知的老师。

第三类，创爸爸。这类爸爸的主要特点是：注重孩子心力培养的过程；言传、身教和境教并用；教育孩子的同时，修炼自己，一起变得优秀；授之以渔，给孩子提供方法；引导好孩子，也经营好自己；

常用耐心和鼓励引导孩子；鼓励孩子做好自己，突破自己；允许孩子探索和犯错；知道自己需要学习的更多。

不管过去你属于哪一类爸爸，我们希望今后您能成为创爸爸。因为创爸爸自己会好好学习，只有爸爸自己终身学习，才能教育孩子天天向上。简言之，创爸爸会不断赋能自己，继而赋能孩子。

必须承认，我并非天生就是一个创爸爸。在大学前的学习更多是为了考试，而大学和研究生期间，学习生物相关专业，及格万岁，虽拿到证书，但学业基本荒废。毕业后，从事与所学专业无关的市场工作，从零开始，边学边做，才真正开始学习，但直到后来读博士并教书，其实，也仅限于工作相关的学习。这些年，衣食无忧之后，我才开始理解学习的真正含义，每天进步一点点成为我生活的常态。

我也非常幸运能在儿子出生前决定考博士，16 年来从未停止学习。其实，让孩子爱上学习，关键不是龙生龙，凤生凤，而是要让老鼠的儿子爱打洞。对孩子来讲，父母不管是龙凤还是老鼠，关键是不断学习。学习是为了获得精神食粮，让老鼠的儿子不仅爱大米，更爱打洞；学习是为了进化，向食物链高端进化。所以，创爸爸的核心任务不仅要为孩子提供大米，更要帮助孩子找到学习的原动力，使其真正进化。

29. 学习动力测试：你的孩子属于哪一类？

父母催孩子学习时，通常有七类回答，看看你的孩子怎么回答？

一、“稍等一会儿。”“吃完饭就学。”“看完电视就学。”这叫拖拖拉拉型。能拖就拖，到最后没办法，只好被迫学习。

二、“知道了。”虽然答应了，但还是一动不动。这叫只打雷不下雨型。“知道了，马上学习。”回答的声音很大，虽然回答了，但没有行动力，或者听了父母的话，就是这个耳朵进，那个耳朵出。实际上并没有去学习，只是说说而已。

三、“学习能干什么？学了也没有什么用啊……”这叫自暴自弃型。害怕学习，没有去学习就认为自己不行，先打退堂鼓。

四、“一会儿就学，您不用操心。我一学就会，我这么聪明，学习这么简单！”这叫马马虎虎型。马马虎虎，不认真，只想快点应付完学习，然后就去玩了。

五、“妈妈，天天都唠唠叨叨，烦不烦？”这叫厌烦学习型。一听到学习就头痛，就精神失控，容易动怒。

六、“妈妈，你要在旁边帮我，我自己学不会。”这叫依赖他人型。如果父母不在旁边帮忙，就什么都做不了。

七、“我学完了，你给我买玩具啊！”这叫物资激励型。如果不给钱，不给买礼物，就不学习。

这七种类型，你的孩子属于什么类型的呢？如果孩子上面的问答选择超过 3 个，就是属于被动学习的孩子。被动地学习，积极性不高，父母老师要求“你要学”会收效甚微。那怎么办呢？简单来讲，就是把“你要学”变为“我要学”，这是父母的核心职责。

本书不讲大道理，因为父母们都懂；只讲一些小学问，因为足够“小”，不管你是松爸爸或是严爸爸，可以解决你“压根儿不想学东西”的焦虑。我觉得，在移动互联时代，抗拒成长焦虑最好的办法不是多来几场知识盛宴，而是以“小”学问为起点，降低强度，提高频率，润物细无声。希望父母朋友们即学即用，努力成为创爸爸。也希望孩子们有一天能发自内心地说：“爸爸，学习是我一生的事，你就是我的榜样。”到那时，孩子会成为你人生的动力和希望，而非负担和失望。

30. 三岁看老：比尔·盖茨和乔布斯如何找到学习原动力？

最近为了讲课和写书，我看了不少书，发现比尔·盖茨和乔布斯两位登上世界巅峰的人，家庭背景差异很大，一位是律师的儿子，无忧无虑地生活在美国上层社会；一位是机械师的儿子，父母每天都在为温饱而奔波。之所以都能成为时代的弄潮儿，表面上看，与两位松爸爸的从小放养有关。比尔·盖茨从小不是一个乖孩子，在家做事磨蹭、很少叠被子，吃饭时经常看书，上学经常迟到、爱咬铅笔、不合群且偏科厉害，所以和母亲争吵是家常便饭，被老师请父母也时有发生。尽管如此，其父亲还是看到了孩子爱看百科全书、专注自己感兴趣的事这个优点，鼓励其自由探索，使比尔·盖茨在13岁时开始对计算机着迷，并不可思议地同意比尔·盖茨在20岁时从哈佛辍学创业。据比尔·盖茨父母回忆，儿子创办微软时，他们也很担心，像大多数父母一样，希望孩子拿到学位。但他的父亲还是通过一些迹象看到儿子的“不一般”。

乔布斯从小被领养，个性也很强，做事不达自己的目的绝不罢休，其父母一般最后都顺着他。上大学时本来可上离加州家很近的公立的加州大学伯克利分校，或者私立的斯坦福，但乔布斯都不愿意，挑了俄勒冈州很贵的一个私立学校——里德学院。二老虽然不太情愿，还是倾其所有，攒够学费让他去上那所大学。结果他在那儿上了一年，就辍学了。接下来半年，他只听课，不拿学分。然后，就回家找份工去打工了。

其实，比尔·盖茨和乔布斯父母让孩子成功的共同秘诀就是：两位爸爸都采取了创爸爸的一些育儿方法，孕育了他们自由探索的精神；两位爸爸都营造了宽松的家庭氛围，不限制孩子的梦想，在适当时候选择放手。

我在美国做访问学者时，周末带儿子到游乐场或社区公园玩，看到美国父母的一些共同做法，就是他们对孩子远不如我们中国父母那么关心。他们大部分是一副优哉游哉、气定神闲的样子。他们有的坐在椅子上看书，有的和其他父母聊天，有的则津津有味地在一旁观察自己的孩子。即使和孩子一起玩的，也大多是充当孩子的玩伴和帮手，很少有一直在孩子耳边唠唠叨叨、指指点点的。

中国许多狼爸或虎妈与此形成鲜明对比，他们基于对孩子的爱，会对孩子过度保护，通常紧跟孩子的左右，一边呵护孩子，一边告诉孩子：“不要坐在地上，地上脏。”“不要把沙子弄到眼睛里。”“不要把袖子弄湿了。”“不要反着爬滑梯，会摔着你。”我们把孩子教育得很“懂规矩”，很“乖”，从不乱碰东西。

我也经常听到朋友或同事抱怨，现在的孩子，早熟，三岁就心里逆反、不听话了，经常会有反抗父母的行为发生：你让他吃点儿青菜，他偏不吃；你不让他在厨房玩水，他偏要把水弄得到处都是；带他出去玩儿，你让他好好走路，他偏要跑到马路牙子边上；下雨了，妈妈给他打着伞，叫他别到处乱跑，他偏要跑到雨里去；在睡觉的时候，妈妈让他不要吃糖，他一定要吃……很多时候气得妈妈骂他几句，他就大哭大闹。妈妈拿他一点办法都没有，不得已会在他屁股上打几巴掌。

实际上，父母这些做法阻碍了孩子自主探索的发展潜能。孩子的很多做法是天性，但在父母的约束下，不敢去触碰，不敢去体验，孩子尝试不到失败的痛苦，也就不能体会到探索的快乐。这样，孩子会慢慢变得羞怯、疑虑、自卑、胸无大志。

这些年，对儿子日常生活，我的做法是，只是设定一些基本的规则和界限，然后就安下心来，尽量少控制，少干扰，少包办代替，少唠叨，让他有一些自由的空间、自由的时间，让他自己去经历和体验。儿子不会走路，我鼓励他自己先迈出第一步；儿子跌倒了，我鼓励他自己慢慢爬起来。我觉得，这么做不但解放了自己，更重要的是让儿子的潜能得到了开发，探索与创新能力不断提高。

严爸爸，从小对孩子严加管教，长大了替他们安排好工作，甚至找好了对象，使孩子一生都不能做自己喜欢的事，没有自由选择的权利，更没有探索进取的精神，这确实是中国式家庭教育的悲哀。曾经有一个上小学的孩子在日记里这样写道：“我没有兄弟姐妹，爸爸妈妈也不让我随便出去玩儿，我就像一只笼中的小鸟一样，既没有机会也没有能力去探索求知。”

俗话说，三岁看老。三岁左右的孩子正是自由探索的大好时期，这是孩子成长的基本规律，我们要尊重这个规律，学会放手。否则，会毁了孩子学习的原动力，甚至美好的一生。

31. 如何激发孩子的好奇心？

教育的本质就是不断激发、培养孩子的好奇心，并使其终生保持这种好奇心。创爸爸通常会采取四种方法激发孩子的好奇心。

其一，创造一个新奇、有趣的成长空间。孩子的好奇心会随年龄增长而变化。幼儿时期，创爸爸会在孩子的房间或小床边放些色彩鲜艳的图片和能发出悦耳声音的玩具。等孩子到了两岁左右，创爸爸可以给孩子讲故事，做些小手工、小实验。而孩子到了能读书识字的年龄，创爸爸会引导孩子阅读合适的书籍来激发其好奇心。

其二，善待孩子提出的问题。很多父母发现自己的孩子总有提不完的问题：“河流为什么都是弯弯曲曲的？为什么叫买东西而不叫买南北？”以成人的司空见惯、熟视无睹来看，有些问题很“傻”，事情本来就这样，没有为什么，就像当初的人们嘲笑提问“为什么苹果只往地上掉”的牛顿，不屑惊异于热水蒸腾锅盖向上的瓦特一样。其实，没有愚蠢的提问，只有愚蠢的不问，孩子提不出问题才是最大的问题。那么，面对孩子的提问，创爸爸是如何解答他们的问题呢？首先，表现出浓厚的兴趣。同时，回答孩子的问题时要具有启发性，不能理解的问题，创爸爸不必不懂装懂，勉强解释，可以告诉他：这些事，你以后读的书多了，就能理解了，这样鼓励孩子进一步学习知识。

其三，正确对待孩子的破坏行为。破并非都是坏，破是创造与发现的前提和基础。创爸爸遇到孩子的破坏行为，不是制止他们、呵斥他们，而是在适当指导与保护的前提下，欣赏他们，鼓励他们，善待甚至支持孩子们的某些“破坏”行为。比如利用身边的废旧报纸，让幼儿随便撕，任意摆弄，这样可以促进幼儿大小肌肉的协调发展，促进幼儿联想、想象能力的发展。让他们的求知欲、好奇心与创新思维得到更多锻炼与培养。创爸爸会呵护孩子的这种信心、好奇和勇气，努力造就一个聪明的富有创造力的孩子。

其四，把孩子的好奇心引向大自然。创爸爸会经常带孩子投身到大自然中去，让孩子观察春天里各种虫草花鸟的变化；在夏天的夜晚，去田边地头，追逐萤火虫的荧光；秋天，在广阔的田野驻足，让孩子去感受一番丰收的喜悦；冬天，看落叶缤纷，雪花片片，让孩子在探索大自然的奥秘中得到心灵的净化……无疑，这一切都是创爸爸激发孩子好奇心，引导孩子更加热爱自然、热爱科学的好做法。

32. 父母别再扼杀孩子的创造力了

朋友家的女儿幼儿园时喜欢唱歌、说相声，还特别喜欢跳舞，我多次看到她载歌载舞时的兴奋、投入和欢快的情景，觉得这小女孩在跳舞方面会非常有潜力。小女孩和我儿子幼儿园时是同学，喜欢跟在我儿子屁股后面叫哥哥，两人玩得特别好。有一次，我和儿子搭小女孩爸爸的车一起从幼儿园回家，小女孩特别懂事，让我和儿子先上车，并说道："爸爸，你受累了。"我一听，觉得孩子太可爱、太懂事了，说道："扬扬太懂事了，舞也跳得好。"他爸爸答道："学习不好，跳舞有屁用。"我一听，乐了，说道："幼儿园谈什么学习。"其实，我很快意识到，孩子的天性和创造力可能会因为爸爸的这句话而扼杀！我曾给孩子爸爸妈妈建议，希望引导孩子在艺术方面有所发展，至少让艺术成为孩子的一个业余爱好，这对其一生都有好处。但据我所知，到目前为止，孩子并没在这方面有太多发展，真的很可惜。

我觉得，艺术不仅仅是美，还有力量，它是创造和突破的源泉。从小接受艺术教育的孩子，不仅可提高对自然、生活和艺术的审美力，而且在未来会具有惊人的表现力和创造力。20世纪初，有一位犹太少年，他做梦都想成为帕格尼尼那样的小提琴演奏家。于是一有空闲就练琴。可是连父母都觉得这孩子拉得实在太蹩脚了，完全没有音乐天赋。有一天，少年去请教一位老琴师。老琴师说："孩子，你先拉一支曲子给我听听。"少年拉了帕格尼尼 24 首练习曲中的第三支，简直破绽百出。一曲终了，老琴师问少年："你为什么特别喜欢拉小提琴？"少年说："我想成功，我想成为帕格尼尼那样伟大的小提琴演奏家。"老琴师又问："你拉琴快乐吗？"少年答："我非常快乐。"老琴师把少年带到自家的花园里，对他说："孩子，你非常快乐，这说明你已经成功了，又何必非要成为帕格尼尼那样伟大的小提琴演奏家不可？你看，世界上有两种花，一种花能结果，一种花不能结果，不能结果的花更加美丽，比如玫瑰。又比如郁金香，它们在阳光下开放，虽说没有任何明确的目的，但这就够了。"

少年完全明白过来，快乐和兴趣是最好的老师。少年心头的那团狂热之火从此冷静下来，他仍然常拉小提琴，但不再受困于帕格尼尼式的梦想。

这位少年是谁？他就是日后名震天下的物理学家爱因斯坦。爱因斯坦曾说过："如果没有早期的音乐教育，我干什么可能都将一事无成。"其实，音乐对培养孩子的创造意识具有独特的作用。但没有父母和老师的引导，一切都会被扼杀在摇篮之中。

一位高三学生说出了自己对父母的几点感受：⑴重视物质生活，忽略精神生活。⑵看中眼前好处，忽略未来影响。⑶"爱"是最大必杀技和苦肉计。⑷只看中外在成绩，忽视内心感受。⑸永远认为自己是对的，即使错了，也不愿意认错。⑹自己就是孩子的统治者。⑺对孩子零信心，极尽贬损压制，催眠似的挑剔孩子的各种缺陷、扼杀孩子的潜力。⑻乖，听话是大招。一旦孩子不听从他们的教导，就警告孩子会变成这个社会最底层的渣，甚至用暴力解决，美其名曰：如果今天我们不"教育"好你，将来就是别人给你好看。

其实，每个孩子都具备非凡创造力的潜能，关键在于父母正确的启发和引导。以下常见的10项创造力行为，父母尽量别去扼杀：

✽ 精神高度集中，以至于听不见别人的说话或忘了吃饭等。我儿子学习游戏时经常出现这种情况。

✽ 异常的活跃、难以安静。例如他会说："我正在思考问题，我不能坐下。"

✽ 说话时喜欢用比喻，而且比喻又很别致。如"我觉得自己像一条即将变成蝴蝶的毛毛虫。"

✽ 有向权威思想挑战的倾向。如"我为什么要听你的？"我儿子有时也这么说。

✽ 有追根究底的倾向。如"人类或地球到底从哪里来？"我儿子曾一度对霍金的《时间简史》非常着迷，就是想探究这个问题。

✽ 观察事物很仔细。如"嗨，这只蜈蚣只有41条腿。"儿子在小学时，曾研究蚂蚁行为，查相关的书籍，写观察日记，我鼓励他这样做，可惜儿子没有坚持下来。

✽ 渴望把自己的发现告诉别人。

✽ 把两个毫无关系的东西联系起来。

✽ 坚持把自己的某种想法付诸实施。

✽ 闲暇时喜欢捣鼓一些东西。如儿子从幼儿园到初一很长一段时期喜欢玩各种卡片，一到家，就把卡片摆满房间，我觉得，他是在创造。

想一想，你家孩子是不是有这样的表现呢？身为父母，你会不会出于安全考虑或时间限制而去阻止孩子呢？你有没有总是把自己的经验强行灌输给孩子呢？小心，你可能正在抑制或扼杀孩子的创造力。

33. 维系孩子学习原动力的四个妙招

创爸爸通常采用以下四种方法，维系孩子学习的原动力。

第一，从兴趣点入手。比如孩子喜欢游戏，就鼓励他（她）学习编程；孩子喜欢日本的 PS（PlayStation，索尼游戏主机）游戏，就鼓励他（她）学习日语。

第二，将学习与生活关联起来。很多人对学了十几年的英语很厌烦，因为生活中用的机会并不多，所以总也学不好。中学时代的马云听广播学英语，到西湖边找老外练口语，如果马云没有长期与老外直接交流，没有把学习与生活关联起来，就不可能成为英语演讲高手。其实，孩子所学的很多东西都与生活有着密切的联系，创爸爸会帮助他们发现这些联系。这样，孩子就会自觉地去学习。

第三，寻找学习的愉悦感。对大部分人来讲，学习本身并没有乐趣，但是学习过程中，自我的肯定，外界的肯定，以及学习最后创造出的成绩，是让人感到愉悦的。所以成绩好的孩子会喜欢学习，成绩差的讨厌学习，并且分别形成良性循环和恶性循环。

那么，如何帮助成绩差的孩子在学习中获得愉悦感呢？创爸爸的做法是这样的：不过多关注孩子最终得分，那关注什么呢？夸孩子的进步。若没进步，夸努力；若没努力，夸踏实……总有能夸的方面。但随着年龄的增长，外界肯定的效果会下降，创爸爸会帮助孩子从外界肯定转换为自我肯定，这是孩子走向成熟的一个重要标志。具体来讲，就是让孩子认可自己学习的努力，让孩子担当老师、父母的角色，当成绩好时，自己给自己肯定或适当奖励。比如，我儿子通常在成绩考好时会让自己多玩一会儿游戏，这就是对自己的奖励。

第四，边学边用。学习的过程常常是枯燥的，除非学习到的东西能很快地直接应用到你所热爱的东西上。比如，孩子爱玩游戏，若看了一篇游戏攻略进行学习，然后游戏就打得更棒了。但是，如果热爱的是一些比较遥远的东西，比如成为月薪过万的程序员，这会遇到很多问题，如至少要熟练掌握一门语言，还要有一定的数据结构和算法知识，掌握操作系统、网络等基本原理，甚至还要学习一些数学知识。在这种情况下，孩子可能会望而却步。面对这种情况，创爸爸会引导孩子建立起知识体系，让各种知识关联起来，不断累积，逐步形成知识大厦，越来越接近梦想的云层。这种奇妙的感觉会让孩子保持相对持久的学习动力。

总之，帮助孩子激发并维系学习的原动力是创爸爸一生最伟大的使命。

34. 为什么要把孩子培养成为学神而非学霸？

创爸爸希望把孩子培养成为学神而非学霸。为什么呢？因为学霸考试能力极强，一切学习为了考试，没了考试，就没有学习的动力。学霸就像考试机器，在考完试之后，想得更多的往往还是考试。像安徽毛坦厂中学、河北衡水中学等中学训练出来的多是只有分数的“考试机器”与学霸，这些孩子到大学厌学的可能性很大。

学神呢，考试能力也很强，不过，学习不全为了考试，除了考试还有其他的学习动力。学神在考完试之后，会去学习自己真正感兴趣的东西。像比尔·盖茨、乔布斯和扎克伯格就属于学神，除了搞定考试，他们往往将大部分的精力专注于自己认为有意思的东西上，往浅了说，可能是玩乐队、下围棋、搞辩论、踢足球；往深了说，就是改变世界，甚至探寻宇宙的奥秘。中国名校近些年的自主招生，初衷是希望招到学神。但在目前高考与大学录取制度下，效果差强人意。

据我了解，清华、北大的不少学霸，大一第一学期期中考试，数学考试会不及格。为什么呢？因为中学的教学方式、学习方式、整个的组织体系和大学完全不一样，部分学生完全不适应。这是一个在许多大学都普遍存在的现象。有些学生需要经受一学期甚至更长的适应期，有极个别的学生，可能大学四年都很难适应。

中学时，就那么几页课本，老师反复讲，反复练，直到每一个人都会；不断地做作业，不断地考试，直到每个人都滚瓜烂熟。但是，大学就不会这样了，重要的内容老师讲一讲，其他大部分内容需要自学。表面上看，是学习方式、思维模式的严重脱节，导致不少学霸变成学渣，实质是长期应试教育扼杀了孩子学习的原动力。我儿子现在刚进入高二，国内课程照常上课，托福刚考过，还要准备美国高考。同时，还要学大学先修课程（也称 AP，包括微积分、大学物理、统计学、经济学、美国历史、音乐理论等）。事实上，美国学有余力的优秀高中生，通常都把剩下的精力用来学习更富挑战性的 AP 课程，优秀的学生通常学三五门。当然，学多少都没关系，只要他们自己能搞定。创爸爸认为，这种制度有利于造就真正的学神。

同样是高中生，我们学什么呢？我们学会了再学，考 90 分不行，95 分比 90 分强，99 分比 95 更强，最好满分。这样，反复练，反复学，像老牛吃草一样进行反刍咀嚼。说白了，在高三阶段许多优秀学生的学习都在做重复劳动，这会磨灭他们的学习兴趣和原动力！这是应试教育制度造成的，个人确实很难做出大的改变。创爸爸会帮助孩子做一些小的改变，怎么变？后面的课程会探讨。

35. 如何在应试桎梏中让孩子“我要学”？

在中国，让孩子发自内心地说声“我要学”太难了！因为中国甚至亚洲孩子应试压力确实很大，这是现实，短期内很难改变。在应试教育下，孩子学习是负担，学习就是为了考试，考试结束，学习结束。我们很多父母的学生时代也是这么过来的。我大学及研究生毕业时，卖掉了所有书籍，心想终于可以不考试了，要不是后来回到大学当老师，一生可能不知道学习是怎么回事。如何让孩子在应试桎梏中主动学习？我有几点心得：

一是抓住小学四年级前这个黄金时期，来培养孩子“我要学”的态度，因为一旦孩子进入升学阶段，考试就会变成主旋律。我儿子从小涉猎广泛，包括画画、玩游戏、拉小提琴，还有各种运动，比如足球、篮球、羽毛球、乒乓球、游泳、滑冰甚至美式橄榄球，这些爱好都是在幼儿园时期就开始培养的，也是他自己要学的，只要他想做的，我基本都给予支持。支持的目的，不是把孩子培养成为全能选手，而是给他自由探索的机会。儿子并非一个“听话”的孩子，上幼儿园时老师要求手背后，坐端正，不准动，回来之后，儿子告诉我，老师不让手动，我脚可以动。我没说话，只是笑了笑。儿子因为上课喜欢和同学说笑，有时被罚站，我当时也并没有批评她，而是帮他分析如何选择时机说笑，逃避老师的监视。小学三四年级时，据老师反映，我儿子写字不规矩，不按笔画顺序，我并没有刻意要求儿子怎么练，而是找来了颜真卿、欧阳询等中国古代书法名家的楷书字帖，给儿子讲解中国书法之美、书法之精深，希望儿子临摹，但儿子听得似是而非，勉强练了一阵子，并未坚持下来，但我并没有强求儿子。我的这些做法，可能不少父母不同意，但到目前为止，儿子不管是学习，还是踢足球、拉小提琴，都非常主动，这才是我最想分享的心得。

二是从小学五年级开始，让孩子掌握应试套路，鼓励孩子花更少的时间尽早搞定升学考试，这样，孩子才会有更多的时间探索自己真正想学习的东西。我儿子提前参加小升初，因平时成绩优异又提前保送高中。其实，按照目前的成绩，提前保送一所国内不错的高校问题也不是太大。这样，他会有更多时间参加一些感兴趣的活动，也有更多探索的可能。据报道，比尔·盖茨当年也是提前搞定美国高考，SAT考1590分，差一点点满分（满分1600，相当于国内高考的745分）。当然，考试分数目标不能定得过高。否则压力太大，就没有心情或时间来寻找真正感兴趣的东西了。

三是不能完全按学校要求去做，允许孩子探索适合自己的一套学习方法。我从小不喜欢写作，因为觉得写得都是套话，根本不是我想说的，所以直到高中，写作水平未见提高。我儿子小学六年级写作文，总喜欢写与足球相关的事情，我觉得挺好，但受到老师的严肃批评，说他头脑简单、四肢发达，就会写踢足球或打篮球。吸取自己当年的教训，我鼓励儿子坚持按自己的想法写，写出真情实感，写出新意。结果不管是中文还是英文，写作都是他的优势。我在高三时有时对学习感到烦躁、厌倦，会利用自习或课间出去打羽毛球，若被班主任发现，就会被劝回教室甚至受到批评，结果考试压力越来越大。儿子也遇到类似情况，小学六年级时因同学下课玩耍受伤，学校做出规定，下课时间不允许离开座位，就连去厕所也要限时，且必须有另一名同学陪同。在这样的规定下，培养孩子“我要学”的态度基本没有可能。在这里，我要特别感谢儿子小学一至四年级以及初一、初二的班主任，她们非常明确地表示，你儿子是独特的，理解并支持我的教育方式。总之，父母应在应试教育的桎梏中，抓住一切时机，培养孩子“我要学”的态度，不能完全靠学校，要靠父母自己。

36. 如何在考试之后搞素质教育？

孩子考完试之后，父母和孩子总会盼着出结果，成绩理想，全家庆祝；成绩不理想，轻则批评，重则进行训斥、责罚，甚至打入冷宫。这是松爸爸或严爸爸常见的做法。

同样的情景，创爸爸的做法会完全不同。若考试成绩好，简单鼓励一下孩子；若成绩差，也不刻意批评孩子，只是引导孩子分析原因，寻找对策。更重要的是，在考试之后，不管成绩如何，鼓励孩子学自己真正想学的东西，干自己想干的事情，一定和孩子达成共识，中小学生活应该是丰富多彩的，不管应试多么重要，但绝对不是生活的全部。这话说起来容易，做起来就需要技巧和选择时机，否则就是空谈。

在这方面，我有两方面的心得：第一，从心理上不要把应试和素质对立起来。十多年来，我一直在探索如何通过对孩子进行全面的素质教育，使孩子在应试教育中脱颖而出。儿子从小至今，我一直鼓励他多看闲书、多参加体育运动。仔细想想，看闲书提高了他写作的能力，参加体育运动培养了他坚毅的性格、团队精神等。儿子四岁半开始拉小提琴，从来没考过什么级，我觉得他只要能坚持就行，即使没兴趣，也可慢慢培养。遗憾的是，不少狼爸或虎妈把这些素质教育也搞成应试教育，整天考什么级，拿什么奖，孩子只要没有这些外在的刺激，别说看书学习，就连打球都觉得很累。

第二，抓住每次考试后的黄金时期，帮助孩子寻找学习的原动力。儿子每次考完试之后，我会告诉他，真正的学习开始了。起初，儿子也不知道学什么，我引导他做两方面的事情：一方面，快速总结本次考试得失，有针对性地制订下次应试的计划，这对提高应试能力非常关键；另一方面，参与感兴趣的活动或学习真正感兴趣的东西，比如阅读体育、音乐、历史、文学方面的书籍。当然，我也知道，不少父母每逢孩子考得好，会让孩子忘掉学习，疯玩；若考得不好，就罚孩子做题。这两种做法，不仅会影响孩子下次考试的成绩，而且会扼杀孩子学习的原动力。

当然，寻找学习原动力是一个漫长的过程，尤其在中国文化背景下，挑战更大。不少父母一辈子也没找到，更何况孩子呢？面对学校变本加厉的应试教育，创爸爸有时也很无奈，但会等孩子回到家里搞素质教育，帮助孩子寻找一生真正热爱的东西。

37. 如何帮助孩子快速找到一生热爱的事情？

兴趣是最好的老师。但我知道，现在很多课外兴趣班根本不是孩子的兴趣，而是父母的兴趣。有些孩子三分热度，对很多事情浅尝辄止后放弃；有些孩子在父母的高压下，钢琴过十级，没兴趣，拿到证后不再练了；一些大学生英语过六级，学了二十年，厌倦了，不想学了，很快忘光。

这些问题出现的根源是孩子并没有有意识地寻找自己真正热爱的事情。比尔·盖茨在13岁时便找到了人生热爱并一辈子从事的事情，这确实是人生幸事，但是个案；大多数人一辈子没能做到这一点；少部分人能做到，但也要等到三四十岁。其实，对于更多成就大事的人来说，其职业生涯就像乒乓球的轨迹，他们在学校里学A，工作后做完全不相关的B，最后成名于C。我在这方面教训深刻，大学学的专业是生物水产，在企业时做市场管理工作，现在做大学教授，盲目地走了很多弯路。

那么，如何帮助孩子少走弯路，快速找到一生热爱的事情呢？创爸爸认为，有三条路径可走。第一，直线式路径：利用从小执迷的事情，成就终生喜欢的事业；第二，波浪式路径：起初做不喜欢的工作，随着能力的增强、名气的增大，逐渐放弃不喜欢的工作，从事真正喜欢的事业；第三，二分式路径：现在先做不喜欢的工作赚钱，以便将来做自己喜欢的事业。

到底该选哪条路更好呢？严爸爸通常会要求该孩子采取二分式路径；松爸爸非常迷茫，不知道孩子适合哪条道路，任由孩子做杂乱无章的布朗运动；创爸爸也不知道孩子适合走哪条道路，但会因材施教，有效引导孩子。具体来讲：

如果孩子从小就知道自己想干什么，也知道有人愿意为此付费，那么就选择直线式路径。这就是天才，也有运气成分。比尔·盖茨、扎克伯格从小就是这样的孩子，可惜这样的人太少了。

如果长大后才知道自己想干什么，并以此为生，那么就选择波浪式路径。大部分有成就的人会选择这条路径。

如果从小到大一直不了解自己想干什么，或者喜欢非黑即白的逻辑，可选择二分式路径。这是大部分打工者选择的路径，成功率极低。

作为创爸爸，都希望孩子走直线式路径。比如我儿子现在数学、物理考试成绩突出，看起来好像很感兴趣。但我很谨慎，一直鼓励他去探索，希望他最终能借此成就他一生的事业或梦想，但梦想毕竟是梦想。有时，父母无心插柳，却成就了天才。天才往往可遇不可求。

波浪式路径是创爸爸指导孩子成长的最保险的选择。这是因为同一件事情，人生的不同阶段，体会往往完全不同。比如，我小时候对当老师不感兴趣，现在却喜欢；我从小喜欢数学，现在对数字问题不是太敏感。所以，父母有时不必太急，有些事情可能需要孩子花费一生的时间去探索。我儿子从四五岁开始练小提琴，请了老师，老师和我爱人都要求他每天必须练半个小时，儿子无法坚持，为此多次流眼泪。后来，我心平气和地告诉儿子："拉小提琴就是玩，玩就要找到其中乐趣，爸爸小时候也喜欢乐器，但根本没机会见到这些东西，更别说碰一下，一生遗憾。你用一个月时间，自由决定，想拉就拉，不想拉咱就不学了，你看这样好不好？”儿子说：“好。”在那一个月里，虽然儿子也没做到每天练习半个小时，但我和爱人什么都没说，只是心里默默观察儿子，期待儿子能坚持下来。我们有时只是提醒一下，并没有强求。这样一个月下来，最后儿子自己做出决定：不放弃。我告诉儿子：“既然你自己决定要拉，那就想办法坚持下来。”就这样，儿子慢慢地自己开始主动练习小提琴。直到现在，他这么忙，每天晚上还要练上一曲。说心里话，音乐奥妙无穷，我和爱人都希望小提琴能成为他一生的好朋友。但我知道，不能给他讲太多大道理，因为根本没用。我只是希望儿子能坚持下来，自己慢慢去体会，也许有一天他会茅塞顿开，豁然开朗。我讲这些的意思是，选择波浪式路径，人生看似走了弯路，但对大部分人来讲，更容易找到自己一生热爱的事情。

二分式路径是风险最大的职业发展路径，因为选择这种路径的人始终无法知道自己真正喜欢什么。比如一个人做了十年的广告生意，当他攒够了钱，决定不再继续而转行写小说时，却发现自己并不是真的喜欢写小说，但为时已晚。多数人都会说，这好办，给我一百万，我就能弄明白该做什么。但是说起来容易做起来难，环境塑造人，离开了自己生活的环境，多数人都会不知所措，看看那些中了彩票或继承了大笔财产的人就知道了。就像每个人都说他们在意财务安全，然而，事实上，最快乐的人不是那些拥有财富的人，而是那些对自己所做的事喜欢的人。

38. 学习有压力才有动力吗？

孩子有压力才会有学习的动力吗？经常听到一些狼爸或虎妈在谈论自己如何给孩子增加学习的压力，他们认为，人生是不可能没有压力的，从小就应当给孩子压力，等他适应了压力，才会有上进的动力。这种观点貌似正确，但创爸爸觉得需要深究。

若孩子太小，就像小嫩芽一样，他不能经受太大压力，只有他长成一棵参天大树了，才会变得很坚强，风霜、冰雹都奈何不了他。所以最好别让 16 岁以下的孩子承受太大压力，不然，只会让他的意志更加脆弱。我本科、硕士学过生物学，我知道恐惧会反映在大脑的杏仁核，伤害与之相连结的大量神经细胞。当压力到达极限时，孩子可能会得“身心症”，就是一看到带来巨大压力的那件事物，身体的某个部位就忽然不会动了。

曾在网上看到这样一则故事，写《侏罗纪公园》的作家迈克尔·克莱顿，大学读的是哈佛大学医学院，可他见血就晕，上手术台对他而言是噩梦，但父母不肯让他放弃做医生。后来，他去实习时，有一天就发现手不能动了。去医院做检查，医生告诉他只剩 3 年的生命。他父母一听说孩子快要死了，就随他去追求写书的理想。克莱顿从波士顿飞往洛杉矶，在经过圣路易的上空时，他发现自己的手可以动了。为什么？压力解除了。原来他根本没有得绝症，只是在高压下得了“身心症”而已。

所以，压力不是动力。有人研究过北京奥运会冠军、现男子100米世界纪录保持者牙买加“闪电”博尔特，他在最后冲刺的40米是“左顾右盼”的轻松状态。这是他取得成功的秘密所在。大家知道，世界顶级短跑运动员的差距也就零点几秒，也就是一眨眼的工夫。真正伟大的短跑运动员一定在冲刺时处于最佳状态，状态稍不好，落后零点几秒，就会与冠军失之交臂。那么，最佳状态是什么呢？研究表明，就是完全无压力状态。在这种状态下，人的大脑会变成完全的正面思考、完全的正面想象、完全的正面情绪。事实上，很多成功人士拥有这种状态，即成功之前，大脑早已经呈现“傻子状态”，确信成功，逐步达到兴奋与期待的愉快状态，向目标集中，将具备的能力发挥到极限，甚至超常发挥。这样每一次成功都会在下一次累积在自己的实力上。

严爸爸会说，不可能，孩子没有学习压力，这怎么可能呢？这里关键是要重新思考：什么是压力？什么又是动力？在我看来，如果是别人要求自己做的事，这就是压力，而假若是自己想做某事，这就是动力。可惜的是，无数人可能一辈子做事都是做给别人的，而从未为自己做事。

请父母朋友们仔细想一想，自己从小到大，有没有哪些事情，动机很单纯，只为了自己美好的愿望，如果有，那么，就去完成这些没有完成的愿望。如果人生有10个这样的愿望，就在自己设定的时间内将它们完成。这个看似简单的工作，常常有不可思议的效果。可惜，不少孩子学习就是为了考试，或者为了满足父母的愿望，这样学习只是压力，随着父母期望增高，孩子压力增大，当压力超过承受力，孩子就会厌学、放弃，甚至破罐子破摔。

因此，创爸爸认为，要让孩子有出色的发展，关键不是向孩子施加压力，而是教给孩子将压力转变成动力的方法。

39. 为什么要学习？父母的哪句话可能会摧毁孩子学习的根本动力？

1911 年，辛亥革命爆发，统治中国半个世纪的清王朝灭亡，这时沈阳一小学的校长问一群三四年级的小学生：“读书为了什么？”

有孩子说：“为了给自己将来找条出路。”

有孩子说：“为了能发财致富。”

还有孩子说：“为了帮助父母记账。”原来他的父亲是个商人。

这时，有个孩子站起来，大声地说：“为中华之崛起而读书。”

这句话都很熟悉，这个孩子，就是新中国的开国总理周恩来。

如今，100 多年过去了，若问中小学生同样的问题，孩子会怎么回答呢？可能会回答为了上个好大学，为了得高分，或者为了让父母高兴，为了不糟蹋父母的钱。其实，敢明确回答的可能多是成绩中上等的孩子，也有孩子想说：为了买游戏机，但不敢说出生来。

我曾问一位妈妈：“人为什么要学习？”答曰：“生存。”我说：“如果你这样教育孩子，孩子心里会怎么想呢？孩子会不会纳闷，我现在不学习，不照样活得好好的吗？或者孩子会不会想我妈妈是不是小看我呢？”这位妈妈赶紧纠正说：“不对，为了更好地生存。”我说：“那这样教育孩子好吗？”她不说话了。我心里想，如果父母天天跟孩子唠叨这些，孩子最终可能会送给父母三个字：神经病！

我们经常听到狼爸或虎妈教育孩子：再不好好学习，将来去扫大街！再不好好学习，将来考不上大学，当出租车司机。

我儿子两岁多时，我曾问儿子：“你长大了想干什么？”他不假思索地回答：“想当出租车司机。”我笑了，坚定地说：“好！”，并好奇地问儿子：“为什么？”儿子答：“喜欢。”没等我再问他为什么喜欢，他就跑开了。其实，本来我打算问他为什么不想当卡车司机。

后来发现，就是那段时间，我带儿子出去玩，他最喜欢看的景色是马路上的汽车。许多汽车标志，我不认识，他认识；最喜欢玩的项目是碰碰车；最喜欢买的玩具是各类汽车；最喜欢看的书是汽车图画。就是那段时间，我儿子认识了大众、别克、奔驰等很多与汽车名称相关的汉字。

再后来，延伸到喜欢各类交通工具，喜欢地理。到小学四年级，儿子的爱好之一是喜欢地图，印象中我在美国访学时带他出去玩，每到一个城市，他必买的东西就是该城市的地图。买回来之后，还要仔细研究一番。他甚至从别人家不要的旧书中找到中国古代各个朝代的地图，并以此新视角来研究中国历史，让我也产生了想研究中国历史的冲动。后来回国之后，他带回许多美国城市的地图，可惜面临小升初的压力，这些探索都暂时中断了。但我觉得，这对他初中学好地理提供了很好的启蒙教育。

从本质上，学习是没有什么实质意义的。你可以对孩子说，地球上有人和动物，你看看猫过的什么日子，一千年前猫怎么过，现在还怎么过。可人不同，人过的是创造性的生活，因为人会学习，大自然给了人的大脑就是用来学习的，课堂学习只是狭隘的一部分。你可以不学习啊，那跟猫狗来到这个世界有什么不一样的呢？

即使学习是有意义的，对每个人也是不同的。父母的责任不是告知孩子学习的意义，而是帮助孩子寻找学习的意义。学习实质是不断探索自我的过程，你会逐渐了解自己喜欢什么、擅长什么，不喜欢什么、不擅长什么；也会学到一些知识和技能，让你今后有更多的选择权，去做你感兴趣的事。

作为大学教授，我也曾问过许多大学生：为什么要好好学习呢？大部分人回答为了找个好工作，挣更多的钱。但与此同时，“大学生毕业就失业”是一种常态，即使就业了，若留在大城市，多年之后也依然在生存线上奔波，发财梦破灭。看到这些现象后，很多大学生迷茫了，不学习了。

作为父亲，我也非常担心儿子到了大学最该学习时不想学了，倘若这样，我们这么多年的努力可能会付诸东流。正因为如此，创爸爸把帮助孩子找到学习原动力看作自己义不容辞的责任和义务，这不仅关系到孩子短期的成绩，而且关系到孩子一生的命运。

40. 父母不要只关心孩子考大学，而忽视其上大学

从 1977 年恢复高考 40 多年来，高考让无数中国人改变了自己甚至整个家族的命运，可谓“一人得道，鸡犬升天”。所以，国家、社会、家庭把高考看得无比重要。过去，能把农村户口换成城镇户口的最佳途径就是考学，哪怕中专学历国家都包分配。因为物质生活匮乏，为了摆脱这种苦，学习是唯一出路。那时候，千军万马过独木桥，留下的真的寥寥无几。简言之，“物以稀为贵”，孩子考上大学，不仅让父母高兴，也是向他人炫耀的资本。

但是，高考扩招之后，大学越来越好考。据统计，2017 年全国高考人数 940 万，大学平均录取率 74% 以上；北京、上海、天津等城市的录取率更高，应该在 90% 以上，几乎人人都可以上大学；2017 年天津一本录取率高达 25%，北京更高。尽管如此，为什么父母还是焦虑呢？

创爸爸认为，最重要的原因是很多父母不能摆脱应试思维，担心孩子输在起跑线上。有调查显示，83.6% 的中学生父母要求孩子考到班级前 15 名，小学父母的期望更高。据我了解，天津虽然很多小学取消

了幼升小的面试，但其所在幼儿园大班的所有孩子都有课外班，如口才、各种类型的画画、乐器和各种运动。此外，还有四分之一左右的孩子上学前班，提前学习认字、拼音、心算、算术等小学知识。父母这样做的结果是，孩子没有任何自由支配的时间。这样下去，把孩子都逼疯了，父母不焦虑才怪。

父母焦虑的第二个原因是要面子或名校思维。寄厚望于孩子，希望孩子为自己争气，那争气的最佳途径是什么呢？当然是先考上重点小学，这样，才能上重点中学、重点大学，然后找个铁饭碗，过上好日子。实际上，很多父母没有意识到这个逻辑太过于牵强。

创爸爸认为，对于高分孩子，能上名校当然很好。有些单位对名校文凭的确有要求，比如教师、公务员、国企和部分外企等。当然，若自主创业，名校就不那么重要了。比如马云毕业于杭州师范大学，马化腾是深圳大学，都不是什么名校。若有艺术或体育特长，还可靠文化和艺术综合分数上不错的学校。

其实，对于低分孩子，上不了名校或统招本科，也可以考虑高职、高专，或者高自考，本科专科均可。这些年我也指导过不少孩子参加高自考，大部分毕业后工作不错，有些还考上了研究生。有些自考专业，比如护理、汽车维修与检测、会计、工程造价、计算机应用等专业，比正规本科毕业生还要好找工作，关键是孩子学到了一技之长。比如，我有一些在美国或加拿大的朋友，他们能够坦然接受自己的孩子上社区大学或技校，和中国的高职、高专差不多。若在国内，他们会无法接受，可能会拼命让孩子考名校。

有研究表明，95% 以上的中国大学生感到迷茫，不管名校还是非名校大学生。根源是对专业不感兴趣，找不到人生的方向。我在大学工作，这方面有深刻的体会，也希望父母关心这个问题。为此，我通过课堂或肯学堂公众号，引导大学生做到以下几点：

第一，坚守不挂科的底线，这样会缓解父母的焦虑。

第二，问自己到底是厌学还是厌生活？多数大学生学习出问题的背后，是整个的大学生活都出了问题！创爸爸建议大学生要去融入大学生活，有那么多的校友会、社团活动、各类文化节、班级集体活动，不妨去参加参加，找到自己的归属，发掘想做的事情，并坚持下去，这样才会热爱，因为热爱，学习兴趣会慢慢培养！

第三，找自己最擅长的事干。高中时，有父母和老师鞭打着，成绩好就可以得到表扬，获得周围人的认同；但大学不是这样的，大学生要表现出来自己的长处，才能得到认同。高中是被别人开发，大学需要自己开发自己。所以，创爸爸建议，大学生要结合自己的专业，寻找自己最感兴趣的领域，持续探索，直到变成自己的专长。

第四，找好伙伴。优秀的人都很孤独。但独处的时候，人的意志力往往很薄弱，这样，一个人做事情容易失败！所以，创爸爸建议大学生不管是学业还是创业，最好找个志同道合的人，结伴而行！

第五，找好老师。建议在大学期间尽量能跟随一个好老师做点事，或者定期面对面进行思想交流。好老师可能会帮助大学生发现一个新的世界，快速找到人生或专业的方向。当然，也可多读书，一本好书就是一个好老师。

41. 富豪们都学什么专业？你的孩子将来干什么才有前景？

中国富豪们都学什么专业？在 2018 年的一个排行榜中，工商管理专业造就的亿万富豪数量最多，共有 123 人，经济学专业有 28 人上榜，位列第三。所以有人说工商管理是“全球亿万富豪摇篮专业”，这也是西湖大学校长、原清华大学副校长施一公担忧清华优秀学生都去经管学院读金融和工商管理专业研究生的原因。位居第二的是计算机科学与技术专业，共有 17 人上榜，马化腾、李彦宏、雷军等都是计算机类专业出身。其实，我不知道这样的排行有什么意义，可能会误导孩子。比如我是搞工商管理的，我知道孩子若没有经验，学这个专业会很难学到真东西，所以国外优秀大学一般以招收 MBA（Master of Bussiness Administration，工商管理硕士）为主，不招或很少招收该专业本科生。事实上，富豪和学什么专业并无直接联系。“对钱没有感觉”的马云毕业于杭州师大外语专业、新晋首富许家印毕业于武汉科技大学冶金专业、顺丰的王卫和国美的黄光裕更是毕业于“社会大学”。所以，走上人生巅峰，名校或专业不是决定性因素。

这里我想说的是，行行出状元，不管热门还是冷门专业，既然国家设立了，都是需要的。我在南开大学读书时，对商学院的一句院训印象特别深刻——理以强国，文以治国，商以富国。其实，越是热门的专业竞争越激烈，成为状元的难度越大。我接触过许多计算机、财会等热门专业的毕业生，工作并不顺利。尽管如此，大多数人还是喜欢跟风，所以冷门专业成为很多人不看好或不愿了解的行业。事实上，这些年，许多冷门专业，真学精了比“热门”机会还多，如哲学、博物馆学、听力（医学类）、殡葬、古生物学、核电、航空航天、遥感科学与技术、茶学、草业科学。多年来，很多对专业困惑的大学生来找我，我告诉他们，重要的是要在自己的专业先混个明白。我了解不少大学生，大一开始就绝望了，这是什么鬼专业！能找什么好工作？很快对自己的专业失去了兴趣，这样也就不可能对自己的专业进行深度了解。

关于专业，我最大的体会是：不管学什么专业，干什么事，不深入其中，很难深受其益！我承认行业间薪水确实有差异，但从一个行业的专家转到另一个行业做小白，薪水就一定会有提升吗？现在的社会变化太快了，你真正需要的是眼光、判断力和执行力，你所诟病担忧的冷门极有可能未来会变成朝阳行业。我们能做的除了看清事实，就是不要盲从，要用热爱和专注，成为冷门专业的牛人。我讲创业课始于十多年前，那时，创业很边缘，甚至很冷，我们几个老师只是出于兴趣，上课、指导学生、首创创业 MBA 项目、做创业研究、做创业慕课……其间，外部环境风起云涌，但我始终做一个教师该做的事，认真上好每一节课，让更多学生真正受益。这样十年下来，我也逐步成为在创业教育领域有较大影响力的教授。所以不管从事什么工作，深耕才有机会。

这两年人工智能热，很多父母让孩子参加辅导班，学编程，希望孩子将来在这个热门领域工作，有这个超前意识没错，但若没有培养起孩子的兴趣和探索精神，到头来只能是竹篮子打水一场空。

这些年，不少父母在孩子填报高考志愿时咨询我，什么专业就业好、挣钱多或者能当官，我真想带他们到大学课堂看看，有多少孩子真正对自己的专业感兴趣。我也看到，每年高考结束，很多父母忙碌，孩子却没事了。说孩子啥也不懂，不知道报啥专业。我会告诉这些朋友，别光自己瞎忙，关键是让孩子高考后忙起来，如上网查资料，初步了解自己感兴趣的专业和行业；读相关人物传记，了解他们的人生轨迹，反思自己愿不愿意成为那样的人。实际上，这样的工作做得越早越好。这里我特想说，该放手时一定要放手让孩子自己选择！我儿子打算出国，近期我给他讲了许多海归的故事，如李彦宏、张朝阳、施一公等，我想这对他报考大学及未来发展会有启发。同时，我鼓励儿子考完SAT后，尽可能去一些公司、实验室、医院等单位实习体验，希望他对不同专业有一些感性认识，帮助他寻找内心真正热爱的事情。我觉得，这才是所有人，包括孩子和父母，一生必须做的、最有意义的事情。

42. 上大学能让孩子当大官、挣大钱吗？

许多父母为鼓励孩子好好学习，会告诉孩子，上大学或者上名校能当大官、挣大钱。我的回答是这仅仅是一种可能。事实上，古今中外，任何人，无论上大学与否，当大官、挣大钱都是小概率事件。近期，胡润研究院发布的《英雄不问出处——2017 胡润社会大学英雄榜》，列出了胡润百富榜上前 100 名没有全日制本科或研究生学历的企业家。比如娃哈哈当家人宗庆后以 1120 亿元的身家成为“英雄之首”，宗庆后中学毕业后便开始工作，搬过砖、摆过摊，一步步地打造出娃哈哈商业帝国，排名胡润百富榜第五位。不过，千万不要被这些表象所迷惑，因为宗庆后那个时代上大学的人本身就很少。而未来不上大学的人会越来越少。

所以，创爸爸会尽量告诉父母和孩子的真相，帮助孩子找到上大学的真正动力。我有时会问儿子，你为什么想上名校？他说想学到真本事。我接着问，什么是真本事？他说不知道。其实，如果孩子有明确的目标，可能不需要上大学了，比如只是为了快速挣钱，那就别上大学了，因为目标已经很明确了，就像比尔盖茨等人从哈佛退学那样。若孩子的目标和实现目标的手段已经很明确了，上大学可能会影响挣钱！当然，我知道，虽然很多人目标是为了挣钱，但手段不确定，希望能够通过上大学掌握赚钱的手段。若由此找到学习动力，这个不能说不好。可惜，大部分学生会因此产生学习无用的思想。

为帮助儿子找到上大学的真正动力，我有时会换个方法问儿子，你对学什么科目最感兴趣？他说数学和物理。我会告诉他数学太重要了，所有理工科都需要数学，搞社会学研究也需要数学；物理同样重要，是计算机、通信、材料等众多学科的基础。儿子听完后，似乎找到了学习的动力。

其实，数学和物理都是基础学科，它怎么可能教孩子挣钱的手段呢？比如曾经有学生问几何学的创始人欧几里德，学了你的几何学，有什么用？欧几里德拿了三个银币，让随从交给这个学生。并说：“把钱给这个可怜人吧，因为他居然想从几何学里谋取金钱。”

仔细想想，工科教孩子的是一技之长，文科注重人文思想培养，好像和升官发财都没有直接关系。政治学会告诉孩子阶层固化，很多社会资源都是继承的，从一个阶层转移给自己的后代，很少一部分可转移到别的阶层。公务员可以考，但那只是得到一份稳定的工作。商科通常教孩子“君子爱财，取之有道”，这个道就是“挣慢钱”。如果哪家商学院说能让人快速暴富，那一定是在骗人。或许金融学能让人快速挣钱，比如股神巴菲特，但世界上巴菲特只有一个。其实巴菲特投资的真正秘诀是价值投资、长期持有。事实上，人生的得失往往是“easy come easy go”，意思是来得快，去得也快。

总之，不管大学学什么专业，父母不要被表象迷惑。创爸爸认为，真正厉害的大学不是教你怎么赚钱，而是教你追求独特的人生价值或使命。如果孩子的人生使命刚好和大学使命吻合，那就太幸运了！比如美国斯坦福大学非常重视创业教育，鼓励学生有使命的学习（Purpose Learning）。在《斯坦福 2025 计划》中，提出校友们的反馈证明，使命感是他们职业生涯中指引方向的航标，是驱动个人在职业生涯中追求卓越、慢慢挣钱的“秘密武器”。正是抓住创业教育的这一本质属性，使之培养出许多具有回馈社会、心系社会并有时代担当、有使命感的人才，而非只是快速挣钱的机器。

最后，我想说，作为一个大学教授，我为不少大学生迷迷糊糊、不是上大学而是被大学“上”了而感到惋惜。面对几乎人人都可以上大学和就业竞争日趋激烈的大势，我愿意和父母朋友一道，多关注一下孩子“上”大学，而不仅仅是“考”大学。

43. 孩子毕业就失业！人工智能时代决定孩子未来的是什么？

有人在父母群里聊一个话题："你觉得决定一个孩子未来成功的关键是什么？"一部分父母的观点："智商最重要。什么是高智商？首先得学习好。有了好的学习成绩才能够进入好大学，进入好大学才能出人头地。"另一部分父母说："考上好大学未必能够成功，你看好多企业家，如马云、马化腾都不是什么名校毕业的，他们能够成功关键还是他们的情商。"还有父母说："才艺。马云、马化腾那种都是靠运气的，我对孩子要求不高，以后拿个大学文凭，找个工作，应该没什么问题，我想那时大家在相同的条件下，会一两个才艺的会特别吃香。我们公司的小李就是这样，工作能力不怎么突出，但是小姑娘能歌善舞，领导特别喜欢她。"……是的，不同的父母有不同的答案。你的答案是什么呢？

这两年，马云的无人超市，京东的智能配送机器人，李彦宏的无人驾驶汽车，我们都会在新闻中看到。事实上，人工智能不仅仅是新闻，它已经在影响一些人每一天的生活和工作，10 年后，或许无人幸免！包括我们的孩子。可能要不了 10 年，大批的店员、司机、翻译、记者、助理、保安、交易员、客服……，会失去自己原来的工作。尤其值得关注的是，过去我们所梦寐以求的稳定、高薪工作，如金融工作者、医生等，不久的将来也可能会部分甚至全部被人工智能所替代。

那么除了学习成绩，什么才是孩子未来真正的核心竞争力呢？作为父母，首先思考自己有什么核心竞争力。很多妻子常常抱怨老公，如果当初没有遇到你，没和你结婚，我的人生肯定会大不一样。但是每个妻子都应该反思一下，若跟别人结婚，你真的就会变得比现在好吗？葛优在《非诚勿扰 2》里说，婚姻怎么选都是错的，唯一的办法就是将错就错。看看自己身边的亲人朋友，有多少是想逃离“婚姻的围城”。那么，你是否审视过自己：你在婚姻中做得很好吗？其实，每个人的人生是由自己掌舵的，想要什么样的人生，必须靠自己努力去争取，不能依附于任何人。父母若能做到这一点，孩子未来一定不会差。

这些年，我也一直反思自己的核心竞争力，发现做课与分享好像是我的核心竞争力。做课需要不断学习，不断思考、研究和提炼，需要真正对学生有启发。比如我的创业慕课是教育部认定国家级精品在线慕课，对准全国所有高校开放。目前每年有全国几百所大学的 10 多万学生完成学习并拿到学分。按 50 个人一个班计算，需要 200 个老师上这个课，说白了，这个慕课已经替代 200 个老师，如果再有机器人做助教，我还可以教更多的课程。这么一算，名师 + 机器人替代传统老师不是将来，而是现在。当然，如果我做的东西内容陈旧，毫无新意，很快也会被替代。这是一个动态创新、优胜劣汰的过程，拥有核心竞争力的人才不会被淘汰。现在我也有研究生将来想当老师，会问我怎么准备？我指导他们先跟我一起研究案例、做微课、写教材，在做这些事情的过程中，引导他们了解慕课，逐步找到核心竞争力。

那么，未来我们的孩子，将面临一个怎样的世界？我们的教育，该如何与时俱进，才能让我们的孩子将来不至于大学刚毕业就失业呢？国家说2030年一定要抢占人工智能全球制高点，还要在中小学设置人工智能课程。我想说，父母千万别太急，头痛医头，脚痛医脚。我们比孩子早出生，有责任把经验、知识、技能传授给孩子。但是，面对未来的社会，我们永远没有能力为他们安排好一切。

这些年，我也经常对儿子和我的学生们讲，不要担心人生，若能每天进步一点点，小步走，不停步，未来一定会很美好。教育是有规律的，拔苗助长往往适得其反。我们看一下国外大学是怎么做的。国外大学提出一种叫STEAM的教育理念，STEAM是Science（科学）、Technology（技术）、Engineering（工程）、Arts（艺术）和Maths（数学）这五个学科的英语单词的缩写。有别于传统的单学科、重书本知识的教育方式，STEAM提倡重实践、跨学科，实质是培养孩子的基础素养和能力，以解决现实问题为情境，将每个孩子内心深处的热爱和兴趣激发出来，这样他们在将来需要时才能信手拈来，才能应对动态、复杂、不确定的未来。儿子数学物理学得不错，我是希望他到国外能领略到STEAM教育的精髓，这也是我支持儿子出国深造的根源。

我也曾看过一个报告，在人工智能时代，人工智能工程师、艺术家、匠人及创业者可能变成热门的工作。那么，这些工作的核心竞争力是什么呢？我个人觉得有三个力不可替代：共情力、创造力（创业力）和反省力，这也是人工智能时代父母和学校需要对孩子进行培养的核心能力。

44. 反省的力量

鼓励孩子在反思中突破，这是为孩子赋能的最好方法。著名教育家杜威曾经写过一本书《我们怎样思维》，里面专门谈到，培养孩子认知最好的方法就是反省思维。有反省能力的人，他们会时刻关注自己的不足，并以积极的心态寻求改善，把人生当作一个不断学习不断进步的过程。他们不介意你提出批评，甚至多数情况下，你提出批评前他已经意识到自己的错误了。没有反省能力的人，你给他指出问题，他的第一反应不是反思，而是反抗。“我哪有错啊？是你不了解情况！”

心理学研究中关于人对于外部世界的认识，分为三个区域：舒适区、学习区和恐慌区。只有学习区，才能让我们真正反省。因为学习区里是我们很少接触甚至未曾涉足的领域，充满新颖的事物，可以充分地锻炼自我，挑战自我。在这里，很多人会感到有一定挑战和不适，但是不至于太难受。通常情况下，在这个区域的学习效率是非常高的，是真正在学习。在舒适区，虽然我们感觉得心应手，对这个区域中的人和事感觉很舒适，但是学到的东西很少，甚至学不到什么东西。在恐慌区，充满太多超出自己能力范围的事务或知识，心里往往会感觉严重不适，可能导致崩溃以致放弃学习。

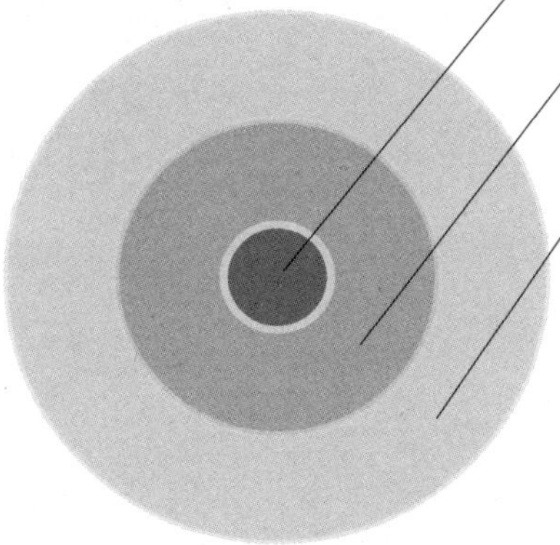

父母要鼓励孩子跳出舒适区，进入“学习区”。让孩子学习具有适当挑战性的东西，他们才能不断进步。那么，怎么鼓励孩子接受挑战并进行反省呢？爸爸的作用更大。台湾心理学博士许皓宜曾经写道：父亲扮演“燃料”的角色，能够推动孩子向前探索。爸爸不妨给孩子创造跳出舒适区的机会，比如带孩子去户外拓展、露营，锻炼孩子的意志力和冒险精神；鼓励孩子多去看超越他已有经验的书籍、优秀的电影和纪录片，突破当前认知框架，而不是沉溺于寻求共鸣和短暂的快感。

这里，我还想强调的是，要避免孩子进入恐慌区。判断孩子是否进入恐慌区，可使用直观感受倒推法，也就是说当孩子出现了焦虑、拖延、痛苦等因高压力造成的行动受限状态，那就说明在恐慌区了。在恐慌区中，通常最大的问题就是：行动力丧失。为了帮助陷入恐慌区的孩子走出来，关键在于行动，行动是解决一切问题的基础，没有行动就没有一切。为此，父母应帮助孩子采取三种行动：

其一，帮助孩子提前做好各种时间、精力、挫败的心理准备。比如我儿子参加美国高考的目标是接近满分，这个太难了。我告诉儿子，第一次考试就是练兵，一定要做好第一次甚至第二次失败的准备；即便如此，面对第一次考试不太理想的状况，儿子还是表现出失望和闷闷不乐的情绪。这时，我又告诉儿子，任何负面情绪都无助于最终目标的实现，当务之急是搞清需要采取什么关键行动，若 SAT 是块硬骨头，一定要将目标任务分解，像蚂蚁啃骨头一样，每天行动一点，这样最终才能取得突破。

其二，调整期待。当发现孩子的行为受阻的时候，就要帮助孩子分析原因，及时调整。如果说孩子的能力不足、资源不够，通常就要调整期待。鼓励孩子记录每天发生的事情，并总结经验。当孩子将目标、过程和结果结合在一起进行自我反省的时候，他们再次行动时就会先考虑再行动，并且会对自己有个更清楚的认识，也会自己判断事情的结果。如果事情的结果和自己预想的出现了偏颇，他就会反思自己的行动，从而调整自己的状态。比如，面对中美两个高考，儿子每天计划非常满，即使熬夜也总是完不成。为此，我询问儿子为什么每天不定 100 件任务呢？他说完不成。我会再问他为什么觉得 20 件可以完成呢？我的目的是启发儿子反省，调整期待，包括 SAT 的最终分数目标，也要适当调整。

其三，引入外援。当孩子不想调整期待的时候，那就必须引入外援。由于经验不足和认知局限，孩子成长过程中会遇到自己不知如何解决的烦恼，这时可以让孩子说出自己的矛盾点，鼓励孩子与爸爸一起分享自己的烦恼，共同探讨解决办法。爸爸可以通过分享人生经历，以给孩子一些启发。当然，要尊重孩子的想法，并鼓励他自己做出决定。例如面对 SAT 高分目标的挑战，儿子并没有妥协的意思。我问儿子谁可以帮他搞定这个目标，儿子了解了一些辅导机构的情况后认为，好像没有哪个机构能为他提供定制的解决方案，要达成目标还得靠自己，但需要我的一些方法和精神引导。在这种情况下，我责无旁贷，我首先和他分享了我当时高考、考研、考博时遇到的各种挑战和心得，帮助他增强信心；然后，和他一起深度探讨 SAT 的考试套路。目前套路基本搞清，接下来，只要儿子采取合适的行动计划，相信最终一定会实现自己的目标。

45. 维护孩子心力，不仅仅是激发孩子学习原动力

阿里巴巴创始人马云曾感叹，在公司里面碰到很多年轻人，脑子特别好，书本知识也学得特别好，但是一碰上麻烦事就彻底迷茫了。你有没有发现，经过苦难，依旧充满光芒的人，他心力特强。马云认为现如今培养孩子强大的心力，敢于面对麻烦，敢于迎接挑战，其实这是最重要的。

因此，维护孩子心力，不仅可以激发孩子学习原动力，而且可以真正帮助孩子应对未来人生的各种挑战。这里不由想起前不久一位博士生自杀的悲剧。其实他的死，就是典型的心力不够的表现。他脑力肯定好使，不然不会一路考上博士，成为国内为数不多的顶尖级人才。但面对挫折呢？就是因为他的导师的一些频繁的生活琐事纠缠于他，

他不好明确地拒绝，又找不出更好的方法，想得最多的估计是这样会影响自己出国或毕业，竟然就因此走上了绝路。

有调查显示学历越高承受的精神压力越大，博士生这个群体患抑郁症的概率是其他群体的四倍。博士学业压力大，论文要求高，导师指标多，父母期望高。从小学到博士，即使再优秀的人，也已经二十好几了，人要到这个年龄段，特别是对于寒门学子，寄托的不仅是父母的期望，也有亲朋好友的期望，以及自己对未来的憧憬。

在我们身边因为心力不够而做出蠢事傻事的例子数不胜数。成年人就会因此犯昏犯傻，那对于没成年的孩子们呢？看一组触目惊心的数据吧，据统计，我国每年约有10万青少年死于自杀，每分钟就有2个人死于自杀，还有8个自杀未遂。北京大学儿童青少年卫生研究所公布过一项全国性的调查结果：中学生5个人中就有一个人曾经考虑过自杀，占样本总数的20.4%，而为自杀做过计划的占6.5%。与20世纪相比，青少年自杀率提高了60%。

我在过去的求学、打工及创业的过程中，碰上很多麻烦事，经常晚上睡不着觉，“对愁眠”。经过这些年的历练，现在基本上能够做到，晚上一旦躺在床上，眼睛一闭，什么也不想了，有什么重要的事留到第二天早上起来再处理。其实，晚上想太多根本没用。即使遇到什么难事，也不太会沮丧和暴躁，这是一种心力的修炼。作为父母，谁都希望自己的孩子能够健康成长。适当地让孩子体验一下挫败感，适当冤枉或误解他几次，让他们逐渐形成健全的心力，可能比一味地注重成绩更重要。其实，人生一辈子总会遇到很多麻烦，若父母能让孩子跨过一个又一个坎，让他懂得在人生路上，这都是平常的小事，那么，孩子的内心就会变得越来越强大。

第4章

家庭赋能

管理一个家庭的麻烦，并不少于治理一个国家。

——蒙泰格尼

46. 教育孩子：言传不如身教，身教不如什么？

虽然我是大学教授，但教育儿子很少有什么理论或条条框框。有时只是用一些朴素的教育思想或简单的小方法。儿子小时候与同龄小孩在一起玩，轻易不会动手打人，但也有例外。记得在儿子三岁多的时候，有一次，和好朋友奇奇一起玩沙子，另外一位小朋友不知道出于什么原因，从背后突然把奇奇推倒了。奇奇哭了，但并未还手。儿子见状，一声不吭，立刻站起来，拿起手中的塑料簸箕砸在那小孩的身上，那小孩也哭了起来。这时父母们都跑过来协调。我严肃地问儿子："你为什么动手打人呢？"儿子回答："是他先动手打奇奇的。"我说："他先动手不对，你打人对吗？"儿子有点委屈，但坚持："我是在帮助好朋友！"当时，我有点无言以对。事后，我告诉儿子："帮助好朋友是对的，但不能为了帮助好朋友就打人，他打人错了，你不能跟着错，以牙还牙绝对不对。"接着，我心平气和地启发儿子道："若以后遇再到类似问题，你会怎么办呢？"儿子说："我还得打他。"我说："为什么呢，你可以批评他嘛。"儿子说："批评他不听呢？"我说："不听告诉他爸爸妈妈。"儿子："他爸妈不在呢？"我说："那你就打他屁股，前提是保证不能打伤别人，当然自己也不能受伤。"

上小学时，有一次放学回家，儿子非常生气地告诉我，说他们班某某同学的爸爸是学校老师，提前知道期末考试作文考题，同学谁想知道，还得花钱买。我说："生气没用，关键是你该怎么做？"儿子说："我不知道，就是生气！"我告诉儿子，有三种解决办法：第一，你也给他点钱，这样提前知道考题，你也能得高分。第二，告诉老师，但你得有确凿的证据。第三，做好自己，靠自己的真本事得高分。儿子考虑半天，说道："我绝对不会给他钱，这不公平。"他最终决定：做好自己。我告诉儿子，投机取巧的结果，不但会伤害别人，最终也会伤害到自己。

美籍华人企业家徐曙光在《做父亲，不许失败的创业》一书中提出一个观点：言传不如身教，身教不如境教。所谓言传，就是说教，中国父母喜欢说教。所谓身教，就是依靠榜样的力量来感染。所谓境教，就是营造环境进行熏陶。我非常赞同徐先生的观点。其实，每个孩子都是独特的，身教难，境教更难，但最好的教育方法是境教，也就是基于情景的因材施教。在本书中，虽然我不清楚每个家庭、孩子的具体问题，但我会尽力围绕中国环境下的两大共性问题分享一些具体做法：

一是如何营造正能量的家庭氛围？针对这个主题，我也问了度娘，发现中国式父母和孩子的教育问题真的千头万绪，有时剪不断，理还乱。最近，了解到一位朋友的弟弟四十多岁了，开始吸毒，妻子、父母痛不欲生，小家与大家加起来二十几口人，全为其操心。更可怕的是女儿才十七八岁花钱如流水，已经谈了好几个男朋友，据说专门找像他爸爸那样的。仔细想一想，真的很痛心。怎么办？我的体会是作为父亲，一定抽点时间考虑一下孩子。如果太忙，可着力解决一些关键问题，比如如何通过建立家庭使命和价值观来熏陶孩子？反思自己的哪些行为可能对孩子有致命影响？如何通过智慧领导让孩子尽早独立、绝不啃老？若能解决这些问题，就能从根本上解除父母忧虑，甚至实现家业长青、世代幸福。

二是如何帮助孩子排除成长环境尤其是家庭环境中的干扰因素？一个人要攀登珠穆朗玛峰，如果在攀登的过程中，他的周围被酒吧、餐厅、宾馆和游戏网吧所包围，那么这个人一辈子也不可能登顶。为了让儿子喜欢读书，我和爱人商量从儿子五岁时全家就不再看电视了。儿子现在高二了，也没有手机。我知道，这一点对许多家庭很难做到，但如果我们每天下班回到家自己看电视剧、电影或者玩手机，让孩子专心学习，我觉得这太难了。很多父母和孩子之间的矛盾也由此产生。

这些年，中国的教育环境整体向好，但很多父母感到环境压力越来越大了，养孩子越来越累了，对孩子未来的焦虑也越来越多了。虽然二胎政策现已开放了，但是许多人都表明不想要二胎，因为“太难养了”。其实，作为父亲，我养儿子并不感到太累，花的时间也不算多，但成效还算明显。儿子在价值观、人生观、学习成绩、体育、音乐等方面发展整体感觉比较全面、均衡。说心里话，每每看到儿子在田径场上百米冲刺，在足球场上机动灵活传带配合，学习时聚精会神的样子，我心里都默默地在说：作为爸爸，知足了！当然，我爱人不太知足，不时还会为儿子感到焦虑，如担心玩游戏、早恋、成绩会不会下滑之类的问题。但儿子最终都用行动和成绩告诉她，操心是多余的。最近，儿子会有几个大考，她又有点着急，我告诉她：“相信儿子！”

这里，我想再强调一下我体会最深的一点，就是父亲在教育孩子中一定要学会抓大放小。什么是大？前文提到的如何建立家庭使命和价值观？如何培养孩子的自我管理能力？如何搞定大考？如何激发孩子学习原动力？如何让孩子不啃老……这些都属于大问题或战略问题。

什么是小？比如陪孩子上辅导班，为孩子洗衣、做饭。当然，家庭大事、小事，有时很难区分。比如我每天坚持刷碗，虽是小事，但爱人最不喜欢做这类事，我做了，她高兴，她高兴了，家庭氛围就好了，这就变成了家庭的大事。不少父母光说不做，整日忙于为小事争吵，以战术上的忙碌掩盖战略上的无知。本书后边内容继续向父母朋友们分享我的一些心得和具体做法。

47. 中国式父母的第一杀手：最可怕的不是考不上大学，而是啃老

网上有人调侃说，如今父母最担心子女的只有两件事，一是儿子从网上下载了什么，二是女儿向网上上传了什么。事实上，中国式父母担心的事很多，最近有一个调查，父母最担心孩子的事，排在前六位的依次是：第一，人身安全问题；第二，学习成绩不好；第三，没养成好的行为习惯；第四，心理健康问题；第五，担心孩子身体不好；第六，沉迷网络。调查还发现，家庭教育分工中母亲唱主角，父亲“缺位”近一半；父母过于关注孩子的学习，七成以上父母“陪孩子写作业”。

这些年，也听不少朋友跟我说：“孩子大学毕业后工资太低，工

作不想干，无奈之下辞职啃老。”其实，我也看到一个统计，2011 届大学毕业生中，有近 57 万人处于失业状态，10 多万人选择啃老。在城市里，不少家庭存在啃老问题，涉及工作、买车、买房、结婚、养娃等。

其实，啃老并不可怕。像买房这种早买早好的大事，父母若有钱，愿意先给孩子，孩子自己又肯努力奋斗，以后给父母更好的养老条件，这算是家庭资源的合理配置。还有，有条件的父母资助孩子出国留学，虽然学费昂贵，只要能帮助孩子学到真本事，也没什么。可怕的是，孩子自己不奋斗，以啃老为生，若啃老不成，就倒打一耙。据说在中国留学生中也存在高消费、全球旅游且不思进取的啃老族。

上述啃老现象正成为中国式父母的第一杀手，且一旦出现，很难解决。这里我只能说，若你愿意，就让孩子啃吧，直到你没什么可啃的那一天。若你不愿意，千万不能心软，利用各种手段尽快把孩子“轰”出家门，这是大爱，不要因“小爱”毁了孩子一生。可先礼后兵，帮助孩子尽快独立生活。《广东省老年人权益保障条例》规定啃老者最高可判刑，据说已有中国父母状告儿子啃老。听到这些，我真不知道同为父母的朋友们怎么想。这里，我想说，作为父母，尤其是父亲，一定要防患于未然，避免这种悲剧在自己身上发生。怎么避免？下面是我的三点想法：

其一，从小培养孩子独立生存的能力。不独立的孩子，你想把他推到外面去太难了！他没有飞翔的翅膀，飞起来会摔得很惨，他只能赖在家里，寻求父母的庇护。我儿子小时候喜欢和比他大的同学在一起玩，但总打架，还总吃亏。有一次，和一个大孩子玩完之后，儿子非常生气，发誓再也不和他玩了。我问：“为什么？”他说：“高维总打我。”这时，我没说话，而是伸出我的手，告诉儿子：“使劲打我的手。”儿子听后，狠狠地打，我一躲，儿子把拳头打在了桌子上。我问儿子：“疼吗？”他说：“疼。”我说：“和高维打架，你最后就是疼，你要学会躲。他就是大石头，你是鸡蛋，石头和鸡蛋碰会是什么结果？”儿子没说话，似乎懂了。以后再见高维，玩得很开心。我儿子在初中毕业时，被选拔去美国参加为期四周的野外生存项目，虽然他有勇气独自参加这样的活动，但面对蚊虫叮咬、天气、劳动等野外恶劣条件，他显得不适甚至发高烧。不管怎样，最后他还是坚持下来了，这提高了他独立生存的能力。

其二，从小鼓励孩子参加能考验其韧性的运动项目。那些跑马拉松的或玩十项全能的人一般都是坚韧不拔的，哪怕在缺乏外部激励时，也能保持活力。这些年，最让我感到欣慰的是我从未用物质手段，让儿子爱上足球、篮球或者爬山。比如爬山，是一项很好的锻炼韧性的运动。儿子四五岁时我带他去爬山，他没爬多远就不想爬了，怎么办？一般父亲会背着孩子，我通常不这么做，我会每爬一段和他击一下掌，鼓励他一定要自己爬到山顶，体验什么叫惊险、什么是一览众山小的感觉。

其三，教会孩子以创业的心态拥抱不确定、失败和运气。做父亲和创业类似，不要阻遏孩子试错。中国父母都很希望自己的孩子能够出人头地，比自己更优秀、更成功。但是当小孩子真想要踏上与父母期待不同的道路时，往往会不断地劝诫或反对。这也是许多中国父母宁愿让孩子留在身边啃老，而不愿让孩子走出去闯荡的文化根源。其实，美国社会也很重视家庭，但在子女 18 岁以后，父母对子女的责任便告终结，经常向孩子提供直接经济帮助的是极少数。相似地，培养孩子和创业一样，充满不确定性。如果父亲能让孩子认识到“未来不确定性”的话，可能激发他们探索的欲望，他们有可能在这个充满变数的世界里更积极主动，从而更容易获得成功。

当然，做父亲和创业又有很大不同，创业可以失败，做父亲不能失败，只能成功。否则，你的后半生将承担无限责任，有可能像周瑜赔了夫人又折兵，即使赢了事业，若输了孩子，最终也是满盘皆输。所以，这些年我一直告诫自己，子不教，父之过。这是我的压力，但我会把它变成家庭使命和儿子不断向前的动力。

48. 扎克伯格的父母如何让孩子内心更强、走得更远？

我注意到全球最有钱的“80后”、Facebook创始人马克·扎克伯格在女儿出生后捐出自己99%的股份（市值450亿美元），成立教育医疗慈善基金，计划在未来10年内投入30亿美元，资助科学家攻克世界上的疑难疾病。关于小扎做慈善，各种报道已经很多，这里我感兴趣的问题是，扎克伯格的成就是偶然的吗？和父母教育到底有啥关系？他能否像比尔盖茨一样走得更远？根据搜集的资料，我觉得小扎的父母对其影响很大，具体总结这么几点：

第一，父母不设限，鼓励孩子做他们想做的事。

扎克伯格的父亲艾德是一名牙医，母亲则是一名心理医生。除了扎克伯格以外，艾德的3个女儿也个个出色，事业也都很成功。

艾德曾表示："我和妻子都相信一点，培养孩子成才的最好办法，是不要强迫他们走向某一个特定的方向，而是要去发现他们的长处和兴趣，并且支持他们自由发展，鼓励他们做想做的事。"

艾德之所以反对限制孩子的发展，是因为他自己曾经被限制过。艾德很早就表现出理科方面的天赋，但迫于父亲对他"早日赚钱养家"的期待，只能放弃自己的爱好，成为一名牙医。没能按照自己的设想实现人生愿望的艾德，希望让孩子做自己。他尽力给他们一个开放、宽松的成长空间，并鼓励孩子尝试科技产品，艾德说："我的孩子们都是围着我的办公室长大的，他们都很早就接触到电脑了，这加深了小扎对科技的兴趣。"

第二，尊重兴趣，不计成效地全力支持。

小时候，为了搞清楚唱歌的人是怎么"钻进"音响的，扎克伯格趁父母不在时偷偷地拆开了家里的音响。艾德发现后并没有暴跳如雷，而是耐心地倾听孩子这么做的想法。知道儿子是出于好奇，为了探索，他反而鼓励孩子说："做得好！"

扎克伯格10岁时，开始流露出对计算机编程的浓厚兴趣。那时候，电脑很贵，艾德几乎是倾全家之力给儿子买了一台电脑。妻子凯伦责备丈夫的冲动，艾德却笑着说："我是在帮助他做他喜欢做的一切！"他还请了家庭教师教扎克伯格编程，在儿子受到挫折时给予支持和鼓励。

有一次，扎克伯格倾尽全力做了一款《摇滚乐团》的游戏，让家人试玩。三个姐姐很快发现了游戏的漏洞，感觉游戏很无聊。扎克伯格因此有些失望和胆怯。艾德看到后，坐在儿子身边，鼓励他，不要退却，让儿子汲取了重整旗鼓的力量，重新开始编程。就这样，扎克伯格对编程的兴趣保留了下来，才有可能在自己的兴趣上走得更远。

扎克伯格在12岁时独自完成的第一个编程程序，可以将家里的电脑与诊所里面的几台电脑相互连接，这样，家人就可以和诊所里的工作人员通过网络彼此发出信息。正是编写这个程序时的专注和投入，让小扎发现了自己在编程方面的天赋。

第三，营造大爱的家庭氛围，让孩子自然成长。

扎克伯格出生在美国纽约州的一个犹太人家庭。犹太人被公认为是世界上最聪明的民族，像马克思、爱因斯坦，都为人类做出了巨大的贡献。父母虽然当时没期望儿子这么牛，但也很有爱心，希望儿子能对人类有所贡献，这种大爱潜移默化地影响着扎克伯格。扎克伯格平时总是穿一件灰色T恤，他解释说："我买了很多件一模一样的灰色T恤，我想让生活尽可能简单一些，不用为做太多小事而费神，这样我才能集中精力更好地为服务社会多做一些重要事情。"

第四，父母不靠孩子养老。

从2004年创立Facebook至今，扎克伯格拥有的财富越来越多。艾德虽然为儿子感到骄傲，但儿子的成功并没有太影响他的生活。扎克伯格曾赠送给父亲200万股权。没料到，父亲并没有他想象中那么高兴。艾德对儿子说："你不要牵挂我，我有自己的工作，有自己的事业。你不要因为自己的成功而剥夺我工作的权利，我完全能够凭借自己的能力养活自己。"虽然，在扎克伯格的一再坚持下，艾德收下了儿子的馈赠，但是他现在仍然经营着诊所，过着简单的生活。同样，扎克伯格的姐妹们，也没有因为亲人的成功而停止自己成长的脚步，她们都在为自己爱好的工作继续奋斗，过着自尊的人生。

所以，根植于大爱、自尊的家庭氛围，使扎克伯格在事业上更加谦虚、执着、不怕困难、不断努力、自我挑战。扎克伯格曾坦言，"相比于Facebook，我觉得生活的乐趣和幸福，来源于我的家庭。”当然，这里的家庭有大家，也有小家。我相信，这才是扎克伯格内心强大、能走得更远的真正力量。

49. 爸爸在家庭中的四种角色

爸爸有四种角色：

第一，老板角色。有些爸爸在和孩子相处时候喜欢扮演“大老板”角色，总觉得自己知道一切，告诉孩子该做什么，不该做什么，批评和命令一切，喜欢用我开头，高高在上，与孩子保持距离。

第二，朋友角色。有些爸爸，希望把孩子当成朋友，平等相处，平时很好沟通，不乱发火。其实，做孩子一生的朋友很难。有一个外国朋友曾谈到，如今的社交网络，如Facebook，最早是青少年使用的，如今爸爸妈妈、爷爷奶奶都跑去使用后，青少年开始逃离。不少青少年不愿与其长辈在一个圈子混，也不愿加父母为好友。有些青少年发现父母评论太多，甚至屏蔽父母。

第三，领导角色。被誉为“领导力第一大师”的哈佛商学院教授约翰·科特说：“管理者试图控制事物，甚至控制人，但领导人却努力解放人与能量。”科特也曾经告诫CEO们：取得成功的方法是80%靠领导，20%靠管理，而领导力的核心是解放权力，释放能量。虽然这是一条商业规则，但对于教育孩子也有启发。

创爸爸深悟此道，在和孩子相处时更喜欢做孩子的好领导，给他们指引。创爸爸会勇于承认自己的错误，乐意告诉孩子如何做好一件事，并给孩子更多的建议。较少命令和批评，愿意和孩子一起进步，和谐相处。培养孩子的创新能力第一，技能和知识其次。

第四，导师角色。现实中，有一种现象，军人、警察、老师的孩子往往也会出现不少问题。因为这三个职业都有一个共同点，就是他们都有绝对的权威性。这种权威性容易加剧孩子青春期的叛逆心理。我亲眼看到一位警察和军人爸爸在公众场合拳打脚踢，将自己的孩子打翻在地，像对待犯人一样对待孩子，感觉有点痛心。也有很多老师抱怨教不好自家孩子。首先，老师在上班时间消磨了大部分的精力，回家对自己的孩子没有耐心了；其次，老师每天面对众多的学生，不自觉地就会拿最出色的孩子跟自己的孩子比，孩子有一点做得不好，就会有“恨铁不成钢”的感觉。还有，就是老师的职业病：总是以教育的眼光看待人。

其实，父母是孩子的第一任老师，这是从传授知识角度说的。从培养孩子综合素质角度，创爸爸是孩子终生心灵的导师。亦师亦友，不仅关心孩子学习，而且思想开通，自己幸福并传递幸福。我为自己的父亲是一名老师而感到很幸运，不是因为他教给我多少知识，而是他对孩子的爱心与宽容。我记得小时候父亲在学校里什么都教，包括语文、数学、体育、音乐。我印象最深的是爸爸教我和其他小学生边唱歌边跳舞的情形，直到今天我还清楚地记得其中的歌词和那美妙的旋律。那时物质生活极端匮乏，但我坚信爸爸为我们创造了真正快乐的童年时光和一个幸福的家。爸爸教书四十余年，是一个远近闻名的对学生特别宽厚的老师，印象中对一些特别淘气的学生，他从来也只是挥动一下教鞭。对我，爸爸也从没有因为成绩波动而批评过我，通常只是一些宏观指导。我觉得这是一种修炼。直到现在，我遇到一些不顺心的事，无意中和他谈起，他的态度和一句话总会让我如释重负。我觉得爸爸并没有给我太多物质财富，但给了我们无限的精神能量。这些能量让我们姊妹五个能不断前行，在各自不同的工作领域，安居乐业，家庭关系都不错。我也希望自己不但能成为学生心目中的好老师，而且尽全力做儿子心目中的创爸爸。

50. 为啥建立家庭使命？

建立家庭类似创业。伟大的创业者往往有使命感，他们确信自己在做一件很重要的事（可能别人认为这件事不重要），感觉肩负某种使命——这种使命感赋予他们难以置信的力量、渴望和自豪。如比尔·盖茨的使命是：让全世界每个人桌面上都有一台电脑，当时看来根本不可能，电脑大小像一间房屋那么大，那是主流，怎么可能放到书桌上。柳传志 40 岁开始创业，感觉心里很愤懑，在中科院工作半辈子了，还一事无成，发现中国有那么多的科研院所，每年投入那么多的人力、物力、财力，但转化成生产力的很少。所以他的使命是：把科技成果转化成生产力，让中国更多科学家成为企业家！马云的使命是：让天下中小企业的生意易做、好做！创业者只有有了这样的创业使命，才可能有持续的创业激情！刚刚去世的万向集团创始人鲁冠球，在去世前不久仍保持创业激情，他有一句名言："革命者永不休息，革命者休息的地方是坟墓。"马云也曾说过："别人可以拷贝我的模式，但不能拷贝我的苦难，更不能拷贝我不断往前的激情！"

同样地，没有使命的家庭就像没有灵魂的躯体，或没有发动机的轮船。家庭使命给孩子动力，而非压力。松爸爸通常既没有个人使命，也没有家庭使命。严爸爸常把督导孩子获得各种技能作为家庭使命，比如弹钢琴或解决一道奥数题。但常常忽略在孩子身上培养一种真正的使命感。这意味着对一个孩子来说，最高的目标是获得特长证书，考试得高分，进好大学，获得一份好工作。还有一些来自三四线城市或农村的家庭，把让孩子进入大城市如"占坑北上深"作为自己的家庭使命。

创爸爸既有个人使命，也有家庭使命，通过建立家庭使命，向孩子传递一种使命感，帮孩子认识到他们是独特的，他们的生活自有其目的和意义，从而让孩子逐步找到生活和努力的方向，这样孩子就能拒绝身边的种种分心之事和诱惑，追逐自己内心的梦想。比如我打过工、创过业，经历过很多事，现在作为大学老师，我觉得人生最重要的任务是建立个人使命和家庭使命，并最好把二者统一起来，我的个人使命是做一名"每天进步一点点"的好老师；我的家庭使命是做一个仆人型好领导，为创建一个上进、幸福的家庭而终生奋斗，并指引儿子传承这个家庭使命。在这样的使命感驱使下，我虽然每天昼夜忙碌，但对人生的迷茫少了，希望多了，家庭的幸福感强了，儿子也越来越努力，对未来越来越坚定了。我始终把夫妻关系看作"家庭的定海神针"，与爱人相互包容，取原生家庭的精华，去其糟粕，一起致力于推动家庭的不断进化。

最让我值得欣慰的是儿子在面对各种困难和诱惑时所表现出的成熟和决断力。初二时，我儿子班主任孙老师是一位大学刚毕业的女生，她很敏感，发现班上许多女生喜欢或暗恋我儿子，担心儿子学习分心。于是，有一次，专门把十多个女生召集在一起，做思想工作。事实上，孙老师后来告诉我，自己的担心有点多余，尽管儿子和个别女生关系稍微亲密一点，但和所有女生的交往都基本局限于正常的同学关系。关于这件事，我从来没有告诉儿子该具体怎么做，只是在平时和儿子的交流中告诉他，人生的不同阶段核心任务不同，最优的生活次序应该是：理想、使命和恋爱。显然，如果你前两件事情尚未明确规划好，就先找到一个人恋爱，意味着两个没有目标的人一起相处，这很有可能导致一生的痛苦、孤独和冲突。我想，正是这种家庭使命感的熏陶让儿子轻松地做出决定，在中学阶段不谈恋爱，和所有女孩维持正常同学关系。

51. 如何快速建立家庭使命？

建立家庭使命对很多爸爸来说都是一个新话题。如今很多男孩一出生，就稀里糊涂地接受着父母的抚养，随着年龄的增长，又稀里糊涂地上学读书，毕业后又稀里糊涂地找份工作，再稀里糊涂地娶妻生子，又稀里糊涂地当上了爸爸。2015 年全国妇联的一个调查报告显示：在全国近一半的家庭教育中，父亲缺位；其中相当比例的家庭中，父亲缺失。有些家庭是因为父母离异，孩子跟着单亲母亲成长；有些家庭是因为父亲自顾自地玩，完全疏忽了对家庭与孩子的照料；有些家庭的父亲工作繁忙，或者生意应酬太多，或者为了事业抛妻别子。总之，在孩子需要父亲的陪护时，他们在别处。当然，也有些家庭，孩子不仅没有得到父亲的照料，反而成为父亲宣泄愤怒，甚至满足欲望的小玩物。

我觉得建立家庭使命是解决上述问题的根本方法。这个听起来唬人，其实做法并不难，参照美国斯蒂芬·玻尔特所著《父亲的因素》一书的建议，结合亲身体会，我把具体做法细化为五个操作步骤，每一位爸爸现在就可以行动起来。

第一步，不管你现在多么忙，可以先找一张纸、打开手机备忘录或电脑，抽出几分钟时间想想当爸爸最重要的职责是什么。如果妻子目前正怀着第一个孩子，这正是你制定家庭使命宣言的最佳时机。如果是二胎，时机也不错。如果你的孩子已经上大学或毕业工作，单独居住或已有小家，你的家庭使命应是大家庭的。请记住，做这件事时别太严肃，先简单勾勒，写出一些关键词即可。总之，不管你的人生处于什么阶段，也不管你当爸爸有多么不耐烦，花几分钟总是可以的，几分钟可能让你的家庭生活达到从未有过的境界。

第二步，完成草稿。选择一个心情好的时候，花费半个小时，重点回答以下七个问题：

问题 1：你希望与妻子保持什么样的关系？如何与她相处？你希望你的婚姻看起来是什么样子？希望妻子如何描述你作为一个男人、一个丈夫、一个爸爸的表现？

问题 2：你希望和妻子成为哪种父母？希望子女长大以后过什么

样的家庭生活？希望他们如何描述他们的童年？

问题3：你希望子女长大以后是什么样子的？希望别人眼中的他们是什么样的？

问题4：你希望子女未来如何与另一半相处？希望子女是什么样的丈夫或妻子、爸爸或妈妈？

问题5：你希望子女未来如何与父母相处？希望与他们建立一种什么样的关系？

问题6：让全家人具有向心力的核心价值观是什么？你们全家认为人生最重要的是什么？

问题7：你和妻子需从各自原生家庭中带来什么样的正能量？规避什么负能量？

注意，不能光想，一定写下来，写下来的文字才持久，可永久流传，而且具有引导的力量。我之所以在这方面做课、写书，就是想留给我儿子甚至孙子、孙女一份最好的礼物。只要开始写，虽然只是草稿，你就成功一半了。记住，不要有负担，没人强迫你去写，也不要试图一次完成，可选择茶余饭后或闲暇时一次写一点，慢慢完善。

第三步，选择夫妻双方心情都好的时候，耐心听取妻子意见并获得认同。注意一定要有耐心，不要急于求成，简单粗暴的宣誓更不可取，会让你的家庭使命宣言变成一纸空文。建议你邀请妻子到一家不错而安静的餐馆，不过要事先告诉她你想讨论家庭未来的愿景、使命，以及如何完成使命。这里可以拿出你事先准备好的七个问题，明确询问她对每一个问题的想法，沟通彼此想法，通过增减调整，最终达成共识，成为两人共同的使命。

第四步，举办正式或非正式家庭会议，让孩子参与讨论。要选择适合孩子年龄的用词，确保孩子清楚理解并认同。只要是在爱、善意和幽默的交流中达成共识，就有助于家庭的向心力。

第五步，落实家庭使命。可以将家庭使命装裱挂在家人经常活动的区域，如厨房或客厅。更重要的是，要用家庭使命来反思日常家庭活动，处理家庭矛盾。并选择合适时机不断强化家庭使命，让家庭使命真正变成每一个家庭成员心中要紧的事情。当然，随着时间的变化，家庭使命可做一些调整。

创爸爸希望家庭使命应不拘一格，不应千篇一律。每个家庭都应建立自己独特的家庭使命宣言，并使之成为家庭幸福的指南针。

52. 如何领导家庭团队？

家庭是世界上最容易、也是最难领导的组织。说最容易，一些家庭看似没有领导，过得也很好；说最难，很多家庭矛盾重重，清官或大官也难断家务事。

这里首先要澄清的是，什么是领导？不同的人理解不同。美国总统特朗普说：“我总是核心人物。”“我知道怎么推销，推销意味着一切。”拿破仑说：“领袖就是一个贩卖希望的商人。”马云说过：“我是蛮喜欢平衡这个词，其实领导最重要的技能在于太极图里阴阳之间的这条线。”美国前国务卿基辛格说：“领导就是带领人们，从现在的地方，去还没有去过的地方。”管理学大师彼得·德鲁克认为，领导者的唯一定义就是其后面有追随者。一些人是思想家，一些人是预言家，这些人都很重要，而且也很急需，但是，没有追随者，就不会有领导者。

我是搞管理的，平时非常赞成管理学大师德鲁克的观点，但在家庭背景下，这些领导概念都不太适合。因为对我来说，要让儿子和妻子成为自己的追随者非常困难。那么，如何成为一名家庭领导者呢？我这里只谈几点个人想法。第一，家庭成员都是独立的个体，只有共同的核心价值观才能把彼此连接在一起。价值观是家庭的血液，没有共同核心价值观的家庭，会时时处处受堵。这个很重要，另做专题讨论。

第二，选择合适的领导风格。有三类领导风格：一是家长式，“听我的”；二是民主型，“让我们举手表决吧”；三是自主型，“我不干涉”。没有哪一种领导风格十全十美，若你喜欢家长式的，选择民主型会感觉很别扭。同样，若你喜欢民主式的，选择父母式的也会感到难受。事实上，中国的父母中，家长式会偏多。按照管理学大师德鲁克的观点，自主型领导风格更适合自觉性较强的孩子。创爸爸更愿意做仆人型领导，视爱人为终生最重要的合作伙伴，共同履行家庭使命，并做孩子的良师益友，指引孩子传承家庭使命。同时，创爸爸严于律己，包容家人，一生努力做真实的最好的自己，不对爱人和孩子有过高期望，尊重并理解他们个性化的生活方式。

第三，激活孩子。创爸爸对孩子慎用物质激励，多帮助孩子寻找喜欢的事情。这样，孩子的内心力量得到滋养，内在向上的动力得到保护。同时，创爸爸会引导孩子主动学习，这才是孩子最大的优势。李开复说，面对没有兴趣的事情，也许只能产生20%的效果，但如果遇到感兴趣的事情，能够得到200%的效果。兴趣驱动的事情会带给孩子渴望、意志、专注、自信和正面态度。白岩松的孩子很小就喜欢看武侠书，身边很多人对此有质疑，认为孩子更应该看“适合孩子看的书”。白岩松没有干涉，孩子看完这些书之后开始对清明两个朝代的历史感兴趣，又去找了相关的历史书来读。十多年后，就在孩子升入高三时，他决定学历史。白岩松说：“他的兴趣没有被打扰，而且越来越浓，最后变成了他的选择和追求。”一个人的兴趣，来自他天生的好奇心，来自生命深处的本能，以兴趣为向导，才能找到自主学习的动力。这些内容太重要了，本书其他章节也会做专题讨论。

53. 如何建立家庭共有的核心价值观和行为规范？

知乎上有一个问题：生活在一个充满负能量的家庭，该如何调整自己的心态？有 25797 人浏览。这里摘抄一位匿名作者的一个帖子：

我今年 34 岁了，有一个 32 岁的妹妹。我深知，家庭的负能量是可以传递的，我的父亲用刻薄的语言，常年的板脸，瘦弱的身体，暴躁的脾气，成功地把我的妹妹变成了抑郁症患者。我的母亲，一个可怜又有点可悲的人，她已经习惯了父亲的不讲道理、随时翻脸和刻薄言行，她会做的就是跟我们共同谴责父亲，然后撂下一句“他就这样，没治了”。是的，妹妹从第一次抑郁症发作开始，几乎没怎么正常上过班。她喜怒无常，开心的时候怎么都好，但一想起以前父亲对她的言行，她就泪流不止，暴躁不安。医生给开的激素药让她胖成比以前大三号的门板，我觉得以后她永远不太可能正常上班了，因为有一点压力她就要崩溃。我能做的就是尽可能地保持正常，善待我的爹妈，背地里吐吐槽，释放一下压力。但是我有时候会克制不住地痛心，为什么要这样内耗呢？明明可以把事情做好，明明可以大家一起把问题解决掉，干吗至亲的人要这样自相残杀呢？我还是想不清楚。不管怎么样，我还是相信日子会好的，这一切，会过去的。

真心希望知乎的这位朋友早日摆脱原生家庭的阴影，体味新生家庭的幸福！这里，我想谈三点想法：第一，父亲在家庭价值观形成中一定要发挥关键作用。松爸爸像迷茫的船长，让家庭的小船随波逐流，说翻就翻；严爸爸喜欢做老板，监督家庭成员执行家规，让家庭关系波涛汹涌，暗藏矛盾与危机；创爸爸是港湾，让家庭这艘小船虽乘风破浪，但总能前进，平安幸福。

第二，负能量家庭问题的根源是家庭的核心价值观。原生家庭是价值观的根，虽不能连根拔起，却可以靠自己的努力创新和提升。这个说起来容易，但做起来挑战重重。看过一篇文章，里面有个关于家庭叛徒的很有趣的问题。假如一个家里面全都是警察，出了一个小偷，谁是叛徒？反之，假如一个家里面全都是小偷，出了一个警察，谁是叛徒？答案很明显。可见，家庭的核心价值观有多么重要。在这里，建议朋友们想想自己的家庭，什么事情是平日里的主导？是赚钱、娱乐、慈善、争吵，还是其他种种？而这些主导，就是家庭的核心价值观形成的关键因素。

第三，家庭的价值观多是在全家人围着一张桌子吃饭的过程中建立起来的。比如，准时吃饭，我爱人的原生家庭有强制要求。这就带来一个问题，就是爱人每次做好饭时都会着急，因为我和儿子总是不那么积极准时。我父母从未这样，因为我从小粮食短缺，天天饿肚子，每顿饭等不及母亲做好饭，只要闻到味道，就在厨房门口等着了，加之我们姊妹五个，来晚了，可能没饭吃了。所以，要达成共识，需要磨合。创爸爸认为，建立家庭核心价值观需要智慧，对待大人，抓大放小，不斤斤计较；对待孩子，要充满耐心，慢慢来。

54. 一个特懂事的孩子写给爸爸的信

我很喜欢一个孩子写给爸爸的信，信是这样的：

亲爱的爸爸：

请不要将所有我想要的都给我。其实，我也知道并不是凡是我所要的就都能得到。有时候，我只不过是想试探一下你的意思。

当我有明显的错误时，请不要忽视，你可以认真地导正我，带着慈爱和确定感。因为看到爸爸很坚定的时候，我感到安心。

请帮助我不要染上坏习惯。为了认出那些错误的事物，我需要爸爸的祷告和帮助。

我现在还处于学习成长的过程，会常常犯错误。请在纠正我时，尽可能平静地告诉我，那样我会更容易听进去。

当我说爸爸很讨厌的时候，请不要太介意，事实上我并不讨厌爸爸，而是那个时候我的情绪不好。

请不要唠叨。如果总是唠叨的话，我耳朵就会关起来，进入防御状态。

我没有生大病的时候，请不要过度关心我。如果爸爸显得过度关心，我就会错误地学到装病——这是最能引起爸爸关注的方法。

我正在学习表达自己的方法。其实在很多事情上，我不能完全地表达自己，这是我还不能精确表达自己内心想法的原因。

我问问题的时候请真诚地回答我。如果无视我或者斥责我的话，我就不再提问了，只能去其他地方寻找答案。

请保持一贯性。如果一会儿这样说，一会儿那样说，就会引起我的混乱，就不再容易相信爸爸了。

我觉得害怕的时候请注意我。因为我是真的感到害怕。我渴望爸爸成为有人情味的父亲。

如果您做错了请道歉。那么我也会惊讶地发现爸爸的亲切与温情，同时我也会学习诚恳地向人道歉。

请记住我成长得很快。如果爸爸想要跟上我，是要很用心的，所以请不要忽略我的成长。

当我得到更多的爱和理解的时候，就是我在茁壮成长的时候。我知道爸爸也是这样的。

请爱惜自己，一定要健康。我真的需要爸爸。

以上，仿佛也是儿子对我的提醒，作为爸爸，我会尽力做到。

55. 一个离家出走的小孩写给父母的一封信

这是一个离家出走的小孩写给爸爸妈妈的一封信，信是这样的：

亲爱的爸爸妈妈，我想对你们说：我不想离家出走，因为我怕失去这个温暖的港湾。但是有时你们的不理解让我很苦恼。

亲爱的爸爸妈妈，我想对你们说：我不想去医院，因为我怕那里的味道；但是只有让自己生病，我才能把你们留在我的身边，只有这样我才能感觉到一家人的温馨。

亲爱的爸爸妈妈，我想对你们说：我不想去那个学校，因为那里没有我的伙伴；那里没有真心诚恳的笑容，那里最多的就是家庭的攀比。

亲爱的爸爸妈妈，我想对你们说：我也有自己的世界，请你们不要再偷看我的日记了，好吗？

亲爱的爸爸妈妈，我想对你们说：我不介意你们走进我的世界，但请你们不要刻意去装饰它，不要为我去铺好我应该成长的路，我不愿意做温室里面的孩子，因为那样我会经不起风雨。

亲爱的爸爸妈妈，我想对你们说：我不再是小孩子了，我想我应该可以独立，我想我需要像天空的鹰一样去飞翔，请你们不要再为了我去抹平我人生成长路上的坎坷，因为我需要成长。

亲爱的爸爸妈妈，我想对你们说：我只是个孩子，我也想有自己玩耍的时间，我不想成为学习的机器，不想随时随地都把头趴在书本里，不要一天去三个补习班，这个不是我喜欢的，说实在的，这都是你们强加给我的，我不喜欢，我真的不喜欢！我只想要像其他孩子一样的自由。

亲爱的爸爸妈妈，我想对你们说：我不是不爱你们，只是我不愿总是把爱挂在嘴边，我在心里一直爱着你们；可每当我想对你们说我爱你们的时候，你们却因为工作远在异国他乡！

亲爱的爸爸妈妈，我有自己的梦想，请你们不要为我安排我的路。

亲爱的爸爸妈妈，我们可以像朋友一样相处吗？不要总是一副大人的架子摆在那里让我敬而远之。

亲爱的爸爸妈妈，我想对你们说：我的自尊心是很强的，可你们还是无情地伤害我的自尊。

亲爱的爸爸妈妈，你们知道吗？以前的我是有多么的厌烦你们。和你们一起聊天，三句话两句都是学习。我想要的不是这个，我希望我们能像朋友一样，一起聊聊开心的事、难过的事，聊聊我们生活中的事。

爸爸妈妈，你们知道吗？每次我找你们有什么事的时候，你们总是用物质上的东西，用金钱来打发我。这是我想要的吗？这不是，我也许只是单纯地希望你们能陪陪我，我需要的不是物质上的什么，我需要的是你们简单的陪伴，心灵上的沟通。记得每次开家长会都是我们家的保姆阿姨去学校，我都不知道该叫保姆阿姨还是妈妈，有时我感觉我就是电视里的留守儿童；我宁愿我们家没钱、没车、没大房子，那样也许你们才能有更多的时间给到我心灵上的照顾。

爸爸妈妈，你们知道吗？你们把我以后的道路、未来的生活全都给安排好了，那我还有一点点前进的方向，奋斗的目标吗？那都不是我想要的，我想要有自己的目标与方向。不是说你们给我铺好的路不好，但是那样就是我喜欢的吗？我只会感到厌倦，我只会更加叛逆。我不需要你们给我把一切都考虑完了，那不是我在走我自己的路，而是我在帮你们走你们没走完的路。我只是想要你们能够支持我前进的方向和目标，是我的一个强大的后盾。

亲爱的爸爸妈妈，你们知道吗？每次我犯错了，你们过来时只有指着我的鼻子来指责我，责骂我，或是打我。我不是不知道错了，我只是想你让们能更加关注我，我希望的是你们能先和我坐下来聊聊，然后把我引导到那件事上去，让我明白我错了，这样我更能接受些。

爸爸妈妈，你们想过吗？很多事不只是我们孩子的过错，但是你们有想过原因吗？

我亲爱的爸爸妈妈，感恩一路有你！

最后，我想说：任何成功都弥补不了教育孩子的失败！天底下没有教不会的孩子，也没有不爱孩子的父母，只有不会教孩子的父母和老师。家庭是社会的基本细胞，是人生的第一所学校，不论时代发生多大变化，我们都要重视家庭建设，注重家教，注重家风。

56. 我写给儿子的一封信

这是我写给儿子的一封家书，这里送给天下所有的父母，共勉。

儿子：

我很幸运，16年与你一起积极成长，这是我一生中最大的骄傲。这些年来，我记得对你说得最多的一句话是：“小步跑，不停步，每天进步一点点。”这是我的座右铭，也是我对你最大的希望。不过，爸爸这里还是想多啰唆几句心里话。

我也是哭哭啼啼来到这个陌生的世界，从懵懂顽童到青涩少年，从无知无畏到慢慢读懂人生，如今已是年近半百，虽走过很多弯路，吃过不少苦头，但也积累了不少人生感悟。

我们每个人出身时都是独一无二的原创，可惜有些人走着走着就活成了山寨。困难、挫折并不可怕，可怕的是想象力和创造力的贫乏。必须有与众不同的想法，才能有与众不同的收获。阳光总在风雨后，生活总是眷顾那些善于创造、善于发现、不断试错的人。

人生短暂且是长跑，试错需要锲而不舍，需要不断赋能。作为父亲，不怕你碰壁跌倒，怕的是你跌倒后，没能量了，不跑了。

当然，我从不担心你考上什么大学或者大学毕业后会是什么样的？因为我觉得，只要你有爱心，好学，上进，坚韧不拔，相信你一定能找到人生使命；只要你能不断地跑，就一定会找到一条更好的路。

爷爷今年 77 岁了，每天坚持跑步，健康、独立、乐观且充满好奇心。这是一种幸福长跑的精神，是家庭基因，也是爷爷留给后代最宝贵的财富，我和你必须传承这种精神的实质。

儿子，当你对生活失去头绪时，抛弃浮躁，用沉淀的爱去解决它。从今天起：每天早上，对着镜子给自己一个大大的微笑，而且告诉自己“今天真好”。我知道你喜欢运动、喜欢拉小提琴，或许内心有了别的爱好，希望在以后的日子里，除了学习，别丢了个人兴趣爱好。如果喜欢什么就勇敢地去做，努力坚持下来，持之以恒，让爱好为成长铺一条多彩之路。

当有一天你真正踏入社会，能用爱好为生活添彩，为事业赋能，靠自己的一技之长在人群中脱颖而出，那时的你一定会感激今天的选择与坚持。这世上没有谁能随随便便成功，更没有一蹴而就，只有厚积薄发，天道酬勤。如果想赢，首先请学会输。输得起，才会赢。

无论干什么事，台上一分钟，台下十年功。别人的成功虽无法复制，但是可以学习和借鉴。希望你能从一次次的失败中汲取营养，慢慢磨砺自己，武装力量，蓄势待发。

现实残酷，生活虽然并不像我们想象的那样善有善报，但要坚持生而向善，据守心灵的底线，不碰脏钱、不碰婚外情、不碰黄赌毒，做一个内心高尚、家庭幸福、事业有成的人。

感恩是我们生活中最难且需要一生坚持的修行。我们生活在这个世界，每天每时都在享受着来自各方面尤其是家庭的“恩赐”，心中有多少感恩，生活中就有多少快乐；生活中有多少怨气，心中就有多少痛苦。

儿子，人生一时的领先不算什么，永续成长才算成功。一时的落后也不算什么，不断进取才能最终获胜。我可能看不到你真正获胜的那一天，但只要活着，就希望为你多一点赋能。这样，做父亲的，就没有遗憾了。

未来，不焦虑，只要一息尚存，就与儿一起精进，共筑世代幸福。

第5章

关系赋能

平等的相爱，才能彼此尊重和相互赋能。

57. 你为什么生孩子？怎么避免中国式亲子关系的悲凉？

在中国的亲子关系中，有两种常见的现象，一种现象是，有人明明靠父母拿出毕生积蓄才买了房，却嫌弃爸妈给的钱太少；有人明明靠父母帮忙带孩子，才得以轻松应对工作和生活，却嫌弃爸妈思想落后，不会带孩子，甚至嫌弃父母没有当官，没有存款。另一种现象是父母不停地抱怨孩子不知感恩、不求上进。孩子小的时候，父母伺候吃喝拉撒睡，却抱怨孩子不听话，学习不好；孩子长大了，父母买房子看孙子，却抱怨孩子不懂事，没有出息。但抱怨归抱怨，父母还是一次又一次满足孩子的索取。最终亲子关系仿佛陷入了一个恶性循环：孩子对父母，边依赖边嫌弃；父母对孩子，边付出边抱怨。孩子的依赖，成了理所当然；父母的付出，成了理所应当。

为什么会出现中国式亲子关系的恶性循环呢？

我个人觉得，父母可反思生孩子的目的到底是什么。有四类父母：第一类，认为生孩子就是传宗接代。对家庭里面是血脉的延续，外面就是个面子问题。二胎政策放开之后，很多家庭打得头破血流，就是想补生一个，实现魂牵梦绕的传宗接代问题。第二类，认为生孩子是为了养老，把养孩子和买房子当作投资，盘算养儿防老还是买房养老好。第三类，是为了改变家庭状况或实现自己未能实现的愿望，包括升官、发财以及科学、艺术各种领域，自己未能实现的愿望，则寄托在孩子身上。第四类，觉得没有孩子的人生是不圆满的，或者随大流：别人都生，我也得生。

这四类父母，可能会有意无意地和孩子建立一种相互依附或寄生的关系。孩子小时对父母依附，父母老了对孩子进行依附，有些父母甚至在年轻时就没有自己的生活，活着就是为了孩子，全心全意为孩子服务。于是，许多中国孩子被父母的意志绑架了，成为父母实现各种目的的工具，这样的孩子难以自由探索，也不想寻找自己生活到底是为啥。这样，没有独立人格的人之间便很容易形成一种相互依附的关系，这是中国式亲子关系容易出问题的根源。

那么，怎么避免这种不正常甚至是悲哀的亲子关系呢？

这里我谈两点想法：第一，生孩子，要有大爱。说简单点就是无私地让孩子快乐。很多中国父母肯定会拍胸脯：我就是这样的。我想说的是，不一定。很多父母孩子还未出生，就开始替他们打造未来的样子，以后做什么、成为什么样的人。其实，这根本不是我们控制得了的。关键是放手，引导孩子独立并不断成长。如果能，那是爱。如果不能，那只是以爱为名义的控制欲而已。我的父亲虽是老师，但在我的印象里，他很少告诉我将来干什么，只是让我多探索，虽然我目前也当了老师，但那是绕了一个大弯之后才找到这个职业的。记得小时候就有人说我适合当老师，我当时很生气，觉得没出息才当老师。最近，我儿子打算出国，有位教授朋友劝我，很多人把孩子送出国，老了孤苦伶仃，无人养老，你想好了吗？我当时心里有些触动。但想到老父亲最近非常骄傲地说过的一句话：孙子这是要闯荡世界了！再想想自己的成长经历，爸爸很少干涉我，我的内心不再犹豫了：无私地支持儿子，这才是大爱！ 我觉得真正有智慧的父母不会把这辈子寄托在孩子身上。

第二，养孩子，不以穷富设限。有人说富人的孩子，从小生活在优越的条件中，父母会给他们报各种兴趣班，发展更全面。而穷人家的孩子，不善言谈，交际能力差，自信心不足。创爸爸不认同该观点。其实，穷养，穷的是物质；所谓富养，富的是精神。穷人和富人的孩子，真正的差别从来不是钱，而是这个孩子是否能被教育成一个大写的人。教育的差异，不是上什么学校，而是父母能否以平常心面对自己的处境，在反思与成长中，摸索适合自己孩子的教育方法。比如乔布斯和比尔·盖茨，一个来自穷人家庭，一个来自富人家庭，但二人同样都能成为商界巨人。说心里话，我小时候家里条件不好，经常吃不饱，天天盼着过年可以吃上油条。但我当时并没有感觉到家里有多穷，至少人穷志不穷。这得感谢父亲从小对我的尊重、包容、支持，给了我独立奋斗的精神。现在条件好了，虽有独生子女教育的难题，我似乎并未感到有任何的焦虑，因为40多年来，不管穷富，我一直在奋斗，16年来儿子也一直在奋斗！只要不断奋斗，我觉得人生就不会失败！所以，我坚信儿子的未来一定会更好！我也很享受这种相互独立、相互赋能的亲子关系。

58. 中国式亲子关系该如何重建信任?

中国父母教育孩子有几种表现比较常见，体现中国式亲子关系：

- 嘲讽孩子的幼稚。比如，经常对孩子说："小孩子不懂事，瞎掺和什么？"或者"你知道什么呀？"
- 嘲笑孩子的相貌、能力等缺点。如对孩子说："你个子小，就别做篮球明星的梦了。"
- 打击孩子对未来所萌生的希望。如经常说："你五门功课有三门成绩不及格，还想当校长？"
- 希望掌控孩子的一切，如翻孩子的日记本，监听孩子的电话。

上述种种表现的实质是父母内心多多少少不信任孩子。试想一下，作为父母，总对孩子说"你不行""你办不到"，在孩子眼里，就是父母对自己的不信任。别说孩子，就算长大成人，家里父母和你唠叨"你一年怎么可能赚到20万？"你还是会觉得，父母在质疑你的能力，压根儿他就不相信你。在这样的情况下，孩子是会很受伤的。如果连他最亲近的父母都不选择相信他，那么他的努力又有什么意义？

戴尔·卡耐基说过："千万不要取笑孩子的野心，对孩子来说，这种开玩笑就是嘲讽，而嘲讽是极具刺伤力的。"

创爸爸认为，有些小事，父母不必了解得太细，只要能把握教育的大方向就行，关键是信任孩子。有时，距离产生美，与孩子保持距离，也是给孩子尊重与信任的表现。信任是相互的。父母不信任孩子，又苦恼孩子对自己不信任，不肯与自己沟通，不理解自己的“苦心”。严爸爸的行为会让孩子有窒息的感觉，孩子内心根本找不到透气的窗口，慢慢地，孩子就把爸爸当作不可信赖的“敌人”了，有意要与父母拉开距离。

最近有朋友告诉我：女儿的期中考试特别不理想，看到她的分数，真想狠狠揍她一顿，可我还是理智地告诉自己，孩子需要教育，现在不流行“棍棒底下出孝子”了。一路上我都忍着没有吵她，平时说多了她还嫌我啰唆，可是回到家里，看了她的卷子真气得我无话可说了。可她书包一放到家里，就又想着出去玩，我气得狠狠训了她一顿，肚子都气疼了，她坐在那里不停地哭，再也不说出去玩了。我告诉朋友，喜欢吼孩子，往往是自己内心焦虑，吼完孩子，自己心情可能好些了，但你的焦虑心情却会传染给孩子，让她对学习失去信心。其实，父母要做的是对孩子的信任，帮助孩子对学习产生兴趣，爱上学习，从而提高学习成绩。

这些年，我接触过许多考上北大、清华的孩子，父母的信任对孩子学习成绩提高非常关键。我也研究过国外许多厉害人士的家庭教育，发现父母从小对孩子的信任，对孩子的影响深远。比如乔布斯小时候，多次被学校请父母，有一次把蛇带到教室吓唬人；还有一次是贴假海报，上写：带宠物上学日，结果同学们信以为真，纷纷带着猫狗上学来了。最严重的一次是在女老师的椅子下面放鞭炮，把老师吓抽搐了，学校勒令他退学，父亲被请到学校后，用平静但诚恳的态度对老师说：“乔布斯是一个特殊的孩子，希望学校多看看他好的一面。”老师说：“除了调皮捣蛋，我没看出他有什么特殊的。”父亲说：“这并不是他的错，学校把他安排在差班，他觉得学习很无趣。他反抗权威，学校压制他，这样他对学习的好奇心慢慢就没了。”很幸运，经过沟通，学校决定把乔布斯放到最优秀的班级里，更幸运的是，乔布斯遇到了一位好老师，鼓励他发挥特长，结果学习成绩尤其是数学进步很快。最终，学校允许他连跳两级，父母经过考虑，决定让他只跳一级。后来，乔布斯怀着感恩的心情说：“如果不是这位老师，说不定我已经进监狱了。”

扎克伯格的父亲也曾提到儿子身上也有很多毛病，但他支持儿子把一技之长和兴趣发挥到极致，这和中国父母形成鲜明对比：总希望孩子面面俱到，各方面都优秀，总是揭短而不去扬长。对孩子身上的毛病，艾德更喜欢“告知”孩子自己的感受，然后让孩子抉择自己的行为方式。这种信任，往往能培养出一个自尊的孩子，而自尊可培养成就感。

无论中外，代际问题在很大程度上是由于两代之间沟通失灵所致。上一代往往以自己的经验和认知为基础，希望对下一代进行管教，而下一代渴望得到尊重和自由。所以父辈需要加强的是柔性管理，最重要的技巧是做一个好的聆听者，建立彼此信任的关系。只有信任和放手，才会激发孩子的潜能，会让孩子变得越来越强大。最后，我想分享的心得是：严管中长大的孩子，无法独立；高压中长大的孩子，常常忧虑；信任中长大的孩子，信人信己；放权中长大的孩子，深具责任感。

59. 强关系如何酿成家破人亡的悲剧？

最近听到一个特别悲剧的故事。

有一对老夫妻，女儿在美国嫁给了老外，还生了一对儿女。老两口退休后觉得挺孤独的，和女儿商量后决定搬去美国，和女儿一家人一起生活。

于是，老两口卖掉了家里的房子，拿去美国交给女儿，补贴他们一家人买房的费用。然后老两口就每天在家里为女儿女婿看孩子做饭，辛苦劳累不说，还被女儿女婿各种嫌弃呵斥，嫌他们饭做晚了，或者孩子没带好之类，老两口这时才觉得不该这样匆忙地断了自己的全部后路来到美国。他俩和女儿商量，想要回自己的钱回国去，女儿说，回去是可以的，但我拿不出这么多钱。人在屋檐下，老两口也只能尽量忍气吞声。有一天他俩带着才四五岁的外孙女去超市买东西，外孙女就私自吃了超市的一块糖之类的，被超市工作人员发现了。这件事情在美国来说也不是什么大事，但老两口觉得这太丢人了，就吓唬似地伸手打了孩子几下。谁知这下子超市的工作人员如临大敌，居然打电话报了警。接到警方电话的女儿女婿赶到超市，当众对老两口大声斥责，说他俩伤害了孩子的自尊，将来孩子会产生心理阴影……巴拉、巴拉、巴拉教训了一大通。

老两口退休前是教师，平时最看重脸面。这下子真的是陷入生无可恋的绝望了。当天晚上，彻底崩溃的老丈人举起一把菜刀杀死了洋女婿，然后跳楼自杀身亡。两个好好的家庭就这样家破人亡！

后来，剩下的两代未亡人带着一对幼小的孩子，一同回到国内。

这个故事实在太悲剧了，网上也有激烈讨论：到底谁做错了？他们错在哪里？如何才能避免类似悲剧的发生呢？有人批评老丈人太冲动，有人批评女儿女婿不孝敬，还有人埋怨老两口根本不该卖房去美国，众说纷纭。其实，老两口去不去美国不重要，我觉得问题的根源在于父母和子女的小家之间应该建立什么样的关系？

有两种关系，一种叫弱关系，就是平时联系较少，在一起互动机会也很少的关系。还有一种关系叫强关系，就是生活和工作中有较多的互动机会，彼此之间有较强的情感维系，家庭成员通常都是强关系。但我觉得上述悲剧的罪魁祸首恰恰是强关系。试想，老两口若没有和子女那么近距离的频繁互动，悲剧还会发生吗？

事实上，越弱的关系，越自由地进入和退出的关系，越会走向正向博弈，走向双赢；而越强的关系，越稳定无法更改的关系，越会走向负向博弈，走向双输。所以对大多数人来讲，家庭关系需要适当弱化，距离产生美。比如恋爱中的恋人没有结婚时，双方会很少吵架，而一旦结婚后，吵架、冷战要多很多；很多优秀的企业家或官员，管理下属几千人、几万人得心应手、游刃有余，但管理自己的妻子或老公、子女，却往往没辙。

强关系在历史进步中弱化。在奴隶社会，奴隶是完全属于奴隶主的，生产力反而低下；封建社会，农民和地主的关系相对弱化，生产力得到进步；资本主义社会，工人和企业主之间的关系进一步削弱，工人的流动更频繁，生产力进一步提高；而在知识经济时代，出现平台＋个人的新型关系，自由职业者会越来越成为主流。

很多父母以爱或为孩子好的名义，在孩子小时希望孩子做奴隶，自己老时甘心做孩子的奴隶，这样容易引发孩子的反抗或反感，甚至造成家庭悲剧。顺应大势，作为父母，不管自己多大岁数，要尽量独立，要有自己的时间和空间，不能把一切都交给孩子。把一切交给孩子的背后就是没有了孩子也没有了自己。当我们和孩子有了距离的时候，其实尊重就有了，审美也就有了。

创爸爸会从小培养孩子的独立精神，在孩子长大成人并成家时，虽相互支持，但彼此独立，尽量在经济、生活上划清界限，不为别的，只为彼此的尊重和持久的幸福。

60. 中国父母最缺共情力

3岁孩子生气了，他不会说："我生气了"，他只会将积木用力扔向别人。看到孩子扔积木的时候，有些父母会呵斥："你在做什么？你给我住手！"试想一下，当你在生气的时候，有个人对你说："你在干什么？！你给我停止生气！"

你是不是气上加气？通常是一定的。我们生气的时候希望家人和朋友来安慰我们，或者让我们自己独处也可。孩子也是一样，当他扔玩具时，无非用这个动作在表达他的"生气"，他希望从爸爸妈妈那里得到的也是“安慰”，抱住他说：“我知道宝宝生气了。”这个拥抱，其实是我们大人在表达我们的“共情”，比呵斥他扔玩具的行为，实在是要重要太多。

不少父母缺少与孩子共情的能力。有人说，中国父母对孩子物质上太溺爱，精神上太专制，把孩子既当附属品又当支柱。这样培养出来的孩子自立都很困难，怎么会成为我们的支柱呢？

网上看到一个大学生写道：为什么我的父母总是猝不及防给我咣当来一棒槌？这让我自己默默承担着很多心理压力，包括工作、生活、学习，还有逐年的催婚。我觉得自己不够好，不喜欢现在的工作环境，所以每天工作八小时到十小时外，上各种培训班，有英语的、专业的，真的好累。工作遇到困境时，我真的很希望他们说你现在已经可以了，为什么不休息一下呢，或者是上考场之前跟我说：没关系，结果并不是最重要的。但现实是，他们总是给我造成心理负担，所以我尽力躲得很远，一年回一次家。就在刚刚，我妈妈找我要考场的地址，说要迷信一下，我内心苦笑。其实，我已经在默默地打算再考一年了，中间挣扎了好几个未眠的夜晚……，我真的感到内心无依无靠。

看到这里，回想到我这些年遇到过不少挫折，高考发挥失常、博士考三次，也曾失业，经历职业迷茫，父母很少说什么，爸爸顶多说一句话：不着急，会好的。记得前些年我考上博士，爸爸说，我们祖祖辈辈也没有人考上大学的，更别说博士了。后来爸爸得知我晋升教授后，告诉我，你也忙碌半生了，该休息一下了！我听后真的很感动。仔细想想，从初中住校，中考、高考、考研到考博，从农村到城市，从一个人工作到结婚、生子、养家，确实从未停止过脚步，该休息一下了！但在爸爸的鼓励下，我似乎更忙了。我真的很感激爸爸的共情力！他总能给我继续向前的动力。前些年我带儿子出国访学，爸爸告诉我，注意安全，因为是资本主义国家。令我惊奇的是，最近爸爸发现孙子可能出国留学，却对我说：孙子这是要闯荡世界了。看到孙子最近考试太忙，对孙子说：慢慢来，别急。对我说：别逼孩子。儿子最近面临两个大考，时间非常紧迫，我问儿子：有压力吗？他说没有。但我发现他最近老感冒，有一天晚上回家后告诉我头疼，我让他躺下休息一下，他说不困，睡不着，坐床上闭眼休息一会儿即可。我说：爸爸教你一种方法，叫瑜伽放松术，我通过语音引导，儿子不到十分钟就睡着了，第二天起来头不疼了，精神抖擞，上学去了。

作为儿子，多年来，我一直感受到爸爸用共情的思维，给我精神的力量。作为父亲和老师，我也希望传递这种力量，给儿子，给学生，给更多中国的孩子。

61. 三类爸爸的三种亲子关系

有三类爸爸，看看你属于哪一类？

第一类，松爸爸，也称熊爸爸。把孩子当宠物，有求必应，放纵溺爱；不愿意花时间和精力管孩子，愿意用钱来解决孩子的所有问题。有熊爸爸的家庭，容易出熊孩子。

湖南卫视的《变形计》节目中，有一期的主人公赵迪，就是一个熊孩子。他不但在学校打架、顶撞老师，回到家里，对着父母，也是搬起椅子就往地上砸，叛逆得真的不像话。而他的父母，对他说什么话都不管用，完全没有约束力。面对这个问题少年的种种行为，他的父母吐露了自己的后悔。原来，孩子刚出生时，家里很穷，父母只好外出打拼。因为没能时时陪在孩子身边，父母出于补偿心理，只是不停地塞钱。等到把孩子接回身边时，已经出现了种种问题，比如孩子根本不听父母的管教；只有拿钱的时候会主动找爸妈，要不到钱就闹事。如果这时，父母能够花力气去纠正孩子的行为，也许还比较有效。但赵迪的爸爸并没有，他一心忙着给孩子创造优越的生活条件，无暇顾及其他。所以最终酿成这样的结果，这就是松爸爸。

第二类，严爸爸，也称狼爸。信奉严父出孝子，或者棍棒教育。把孩子当仆人，严加看管。有一位中国狼爸叫萧百佑，四个孩子中的三个被北京大学录取。萧百佑的教育口号是“三天一顿打，孩子进北大”，只要孩子的日常品行、学习成绩不符合他的要求，就会遭到严厉的体罚，被称为“中国狼爸”。狼爸有两个重要家规：第一，所谓民主，孩子是民，父母是主；第二，孩子没有零用钱，不许喝可乐，不能吹空调，不能随便打开冰箱门。

狼爸是公众眼中的“野蛮父亲”，但曾“著书立说”为自己的做法正名，自认为是全天下最好的、最负责任的父亲。有专家说，假如“狼爸”的孩子真的很优秀，那敢肯定，他在书中所写的内容并不都是真的；假如他真是像书中所写那样简单粗暴地对待孩子，那他的孩子一定是有问题的，即使学习成绩好，心理也会不健康。这种伤害一定会潜藏在生命中，未来以不同的方式表现出来。这就是严爸爸。

第三类，创爸爸，也称狮爸爸。李嘉诚比较接近我心目中创爸爸的形象，他经常教育自己的孩子，要有狮子一样的雄心，还要有菩萨一样的善心。为写这本书，我查阅了大量书籍，并未找到一个更合适的概念来阐释我想表达的观点。前文也提到创爸爸这个概念，但有些模糊，这里我想采取拼图形式，希望更清楚地勾勒出“创爸爸”的几个特点。

第一，创爸爸视孩子为独立的个体，管孩子的目的是将来不管或少管，所以会尽早教会孩子自我管理。

第二，创爸爸可能不差钱，但他会培养孩子白手起家创业的核心能力。比如健康的身体、优秀的学业、持续发展的动力等。

第三，创爸爸避免羊群效应，鼓励孩子不走寻常路，寻找属于自己的人生道路。

第四，创爸爸把孩子当伙伴，亦师亦友。教育孩子的同时，修炼自己，宽严有度，共同成长。

第五，创爸爸注重言传身教，但坚信言传不如身教，身教不如境教。

第六，创爸爸追求自己的事业并建立家庭使命，通过培养孩子实现家业长青。

上述三类爸爸，不管过去您是哪一类，都不必担心。现实中的很多爸爸或多或少带有松爸爸和严爸爸的影子，其实，这两类爸爸也各有优缺点。赵迪的爸爸和狼爸只是两类爸爸的极端。创爸爸虽有更多优点，但也并非十全十美。本书希望今后您能成为创爸爸！因为只有创爸爸才能建立起积极健康的亲子关系。

62. 不根除毒瘤，父子争斗将不会休止

最近，一位朋友（也是孩子的妈妈）找我聊儿子的教育问题，本来我想见见她儿子，但儿子不见，担心道德绑架。朋友告诉我，感觉儿子上国外大学后太叛逆，不听爸爸的话不说，现在父子见面基本不说话。朋友也是老师，认为问题出在父子之间经常不交流，造成了父子对立。爸爸做企业，面临环保、经营许多压力，长时间不在家，儿子经常看不见爸爸，就对爸爸产生了疏远。而爸爸也常常不与儿子商量替儿子做决定。比如，儿子大学毕业时爸爸提前在公司放好办公桌，要求儿子去自己的企业上班。但儿子觉得自己“长大了”，不希望爸爸干涉他，这样矛盾就越来越激化。有一段时间爸爸因抑郁症住院，儿子买了蜂蜜看爸爸，关系有所缓和，但等爸爸病好出院后，父子矛盾又涛声依旧。

朋友很苦恼，但聊了半天，我也没有更好的办法。其实，我身边还看到不少断绝父子关系的例子，感到不可思议，出于好奇心，我问了度娘，度娘的相关搜索结果约 1410000 个，让我感到有些震惊。

看了网友们的提问，发现想断绝父子关系的人真不在少数！然后我又仔细看了讨论，最主要的有两大原因，就是父亲财产分配不均和父亲脾气暴躁，还有观点认为父亲不会做人。

我很好奇，又上网搜寻了一下，发现断绝母子关系的问题同样存在，但表现得温和，而一些父子关系似乎难以缓和，不少父子双方一定要拼个你死我活。

历史很残酷。自古至今，父子之间的关系对立、僵化是家常便饭。在中国古代皇室内部，凡有权力个人垄断及血缘继承的地方，就有为争权而骨肉相残的现象。从夏朝起，在中国皇权时代两千多年历史中，这种现象屡见不鲜。但是，皇室内部争夺君权、骨肉相残最集中、最频繁、最残忍、最灭绝人性的案例，则是出现在秦汉统一后的某些历史时期。比如秦朝共有12位皇子在咸阳街市上被斩首示众，十名公主在杜县被分裂肢体而死，他们的财产全部充公，受牵连被逮捕的人更是不可胜数。在这种情况下，儒家的国家学说和伦理道德在皇亲国戚的家庭、家族中已荡然无存，没有任何约束力。这样看来，古代皇室的父子争斗，真的可以亡国。

一般情况下，对普通老百姓来讲，血缘关系越近，亲情就越浓、越深，它产生的大爱和至爱，可以超越一切利益的羁绊。但在现代物质社会中，亲情仍有它不易跨过的门槛。如金钱、私欲、利害等，这些门槛能使父子积怨，手足成仇，这样的例子很多。

写下这些，感觉父子争斗源远流长，表面看是权利或性格问题，实质是控制欲在作怪。当然，控制欲是人类原始的本能之一。父母对孩子适度控制有时非常必要，譬如良好习惯的养成等。但抛除观念、文化和情感的因素，过度的控制其实是一种心理障碍的表现，甚至是一种“疾病”。这是亲子关系最大的毒瘤，父母应从内心根除。仔细想想，孩子也是人，随着孩子慢慢长大，也希望能够以某种形式控制自己的生活。这个时候，如果父母的控制欲望不进行调整，必然会和孩子的控制欲发生冲突。创爸爸认为，父母应尊重孩子的成长规律，尊重脐带剪短、母乳断掉、孩子分居、最后远走高飞、成家立业的过程。在这个过程中，父母应不断调适对孩子的控制欲，不是选择，而是必须。爸爸的核心任务有两个：一是3岁前，和孩子建立一种亲密的关系，呵护孩子成长；二是3岁后，和孩子慢慢分离，促进孩子独立。这是一种亲情的悖论，却是教育的真谛。

63. 你有这三种家庭冲突吗？爸妈依恋才能解决

听到一对恋人的对话：

男：我们分手吧。女：为什么啊？！

男：错不在你，只是我们不适合。女：你等等！什么叫我们不适合啊？！你给我说清楚！

什么样的恋人合适？其实这个问题很难说清。网上有争论，有人认为，两个性格一样的人，在一起不容易“抬杠”，才能互相理解对方。而也有人认为，性格互补的人在一起更好，这样分工明确，优势互补，一方不想做的另一方做，这样才有一种锁芯遇到了正确钥匙的感觉，才能建立和谐的夫妻关系。

有人进一步延伸，认为伴侣的模式有多种，爱情、亲情、友情甚至基情，无论哪种关系，能一路相互扶持走下去的，大抵靠的都是这个套路，什么套路？就是三观统一，性格互补。

其实，上述观点都是表象或者是误解，比如夫妻关系可以寻找互补的感觉，但父母与子女的关系，通常是相似关系，很难形成一种互补关系。为此，英国精神分析师约翰·鲍尔比提出依恋理论进行深度解释，他针对 12 个月大的宝宝进行了一项实验，提出三种依恋类型：第一类，安全型。当父母离开房间时宝宝变得心烦意乱，但当父母返回时，他们会主动寻找父母，并很容易在安慰下平静下来，这类宝宝是安全型的，大约占 60%。第二类，焦虑—抵抗型。宝宝在与父母分离后会感到不安甚至非常痛苦。而当重新与父母团聚时，他们又难以平静，并经常出现相互矛盾的行为，显示出既想得到安慰，又想“惩罚”擅离职守的父母。这种类型的宝宝属于焦虑—抵抗型，占 20% 或更少。第三类，回避型。他们不会因分离而过于痛苦，并在重聚时主动回避与父母的接触，有时会把自己的注意力转向地板上的物体，他们被称为回避型宝宝，约占 20%。

在后来的研究中发现，恋人之间的依恋模式与婴儿时期的依恋类型有着惊人的相似性，如安全型的女生在等待伴侣到来时，会焦虑地不停地打电话、发短信，见到伴侣后一切都平静下来；焦虑—抵抗型女生在伴侣很晚才回到家时，明明想和他亲密，却偏偏翻白眼，不理不睬以示抵抗和惩罚。回避型的男生则会较为冷淡，好像伴侣在与不在他都是一个样。进一步分析这些男生当初是如何选择恋人的。一个婴儿在成长中和抚养者建立了依恋关系，然后当长大的婴儿在他人身上体验到那种熟悉感和安全感，并恰好喜欢这种交往的感觉，希望延续小时候的依恋关系，她（他）就会选择和抚养者性格相近的恋人。如果她（他）讨厌延续小时候的依恋关系，就会选择和抚养者性格无关，甚至性格相反的恋人。更典型的案例是有恋父、恋母情结的孩子，通常会选择一个在各方面都很像父亲、母亲的伴侣，使得这种依恋情结得以持续。

如此看来，萝卜白菜各有所爱，恋爱的形式多种多样，情侣或夫妻性格相近和互补并不存在好坏之分。对情侣的选择不必太拘泥于性格是相似还是互补，不要被条条框框束缚住，只要对方给你的感觉足够好，为什么不开开心心去爱呢？

创爸爸认为，选择合适的人的确很重要，但是爱情婚姻的幸福根本上并不在于遇到了那个“王子”或者“公主”，而是建立依恋关系，在此基础上，选择合适的处理不同冲突的方式。

冲突有三种方式，以联想公司创业团队冲突为例，创始人柳传志曾与某中科院院士冲突，初期只是认知冲突，就是对事情的看法不一致，院士主张科—工—贸战略，就是优先进行科学研究，然后是工业，最后才是贸易，但柳传志思路刚好相反，主张贸—工—科战略，他认为企业首要的任务是生存，先通过贸易解决生存问题，然后才是工业和科研问题。这种冲突不可怕，但迅速演变为利益冲突，这就非常可怕，最后演变为情感冲突，彼此怎么看都不顺眼，这就可怕了。关于联想团队的利益和情感冲突，《联想风云》一书有详细描述，若有兴趣，可以看看。柳传志因此差点面临牢狱和灭顶之灾。若没有处理好这些冲突，就没有联想的今天！

家庭成员之间的冲突与此类似，也要分清冲突类型，尽量避免利益冲突和情感冲突，鼓励认知冲突，因为认知冲突有利于共同价值观的建立，而有了共同价值观，利益冲突和情感冲突通常也不会那么难以解决了。

64. 如何处理中国式家庭矛盾？

家家都有一本难念的经，但我个人体会有两类典型的中国式家庭矛盾：

第一类是由严爸爸引起的传统家庭矛盾。在这类家庭中，孩子常常被工具化了。工具化是什么意思？有人认为生孩子可能是维护自己和伴侣之间的关系；有人认为生孩子可能是大家庭的需要——比如说父母的需要，而不是自己内心的需要；有些人可能是因为想养儿防老，或者仅仅是传宗接代。

这类家庭虽然越来越少，但在农村或传统的家庭中较为常见。如果夫妻之间产生一些矛盾，可能会用孩子来缓解这种矛盾，也有可能制造一些新矛盾出来，比如婆媳之间照顾孩子理念不同，经常会产生一些矛盾。但其实婆媳矛盾本身就是存在的，不是因为孩子，只是很多时候我们把孩子工具化了。当然，这个工具化也是传承了原生家庭中没有被意识到的那一部分，也许作为爸爸妈妈本身，很小的时候也是被工具化的，所以又去传承。

第二类是松爸爸引起的现代家庭矛盾。最近看了一篇文章，将中国现代家庭矛盾总结为：缺失的父亲 + 焦虑的母亲 + 失控的孩子，觉得很精练。文中描述了许多现代父母都熟悉的一幕：孩子厌学或考试不合格，妈妈百般无奈伤心，而父亲却在一旁熟视无睹。这类现象在城市或农村外出打工家庭中较为常见。

无论是严爸爸或松爸爸，都会使父母与子女的关系失衡。《华商报》曾采访40位西安年轻人，询问当父母发来微信验证时，他们会不会将父母加为好友，加为好友后又会不会在朋友圈将他们拉黑。结果仅有17人将父母加为好友，而且其中有14人对父母屏蔽了自己的朋友圈。换言之，在这个小调查里，能添加父母并且让其看到自己朋友圈的比例低得惊人。这是非常复杂的叛逆心理，在这些子女看来，父母要么像监督者，会让自己处于被监控甚至被限制状态，要么像陌生人，形同陌路。

创爸爸认为叛逆其实就是一个信息——它告诉父母有一些东西需要改变了。这并不代表只有孩子需要去改变，有时候是整个家庭都需要做改变的。这需要勇气，要承受痛苦，也可能要冒一些风险。但是如果不改变，那你的孩子有可能又要传承作为上一辈或者上上辈的这种中国式家庭模式了。怎么改变？这里有两个建议：

第一，父亲要成为经营家庭关系的第一责任人，视婚姻关系是家庭关系中的核心关系。家庭关系有时千头万绪，涉及母子关系、父子关系、婆媳关系或者婆婆和儿子的关系，不管多么复杂，夫妻关系一定是核心，是第一关系。否则，任何一种关系过于亲密，这个家庭一定会出问题。比如我有三口之家的小家，还有包含双方父母、兄弟姐妹及其家庭，关系可谓复杂，但我始终坚持夫妻关系第一的原则。所以，不管是小家，还是大家，关系整体简单、和谐。虽然有时有些小摩擦，但我会努力不要让自己成为麻烦的一部分，让自己成为解决方案的一部分。

第二，要避免“罗密欧与朱丽叶效应”。罗密欧与朱丽叶大家都熟悉，是莎士比亚戏剧中的一对青年男女。二人相爱挚深，但由于两家是世仇，其感情被双方父母竭力反对，百般阻挠。结果呢，他们的爱情并没有因为父母的干涉而有丝毫的减弱，反而相爱更深，最终殉情而死。这种悲剧很极端，但在中国式家庭中不同程度存在，不管是松爸爸或是严爸爸，都要尊重孩子的“自主需要”，若要教育，也是从小开始，到了谈婚论嫁时候，只能放手。我们家孩子的婚姻比较自由，我和弟弟基本是先领证，后告诉父母的，姐姐妹妹的婚姻，父母基本也是顺其自然。现在姊妹五个都过得很幸福，说心里话，我们都心存感激，很佩服父母的智慧和开明。

创爸爸坚信，对孩子，最好的爱情教育，是父亲的包容。最好的家庭教育，是父母的不断成长。

65. 如何让孩子在复杂的家庭关系中成长?

让孩子在复杂的家庭关系中成长并非想象的那么简单，先讲一个故事：

奇奇跑进厨房，非常伤心地哭起来：“妈妈，爸爸打我！”妈妈放下手上的事情，抱着儿子安慰道：“到底怎么了”？“他说我不听话，然后打了我一巴掌。”“宝贝，别哭，我会处理这事。”奇奇不再哭了，妈妈找到正在忙碌的爸爸，紧接着爸妈之间进行了激烈的争吵，妈妈说道："我已经向你说过一百遍了，不要体罚孩子。"爸爸则声称，儿子太过分，我要求他把玩具放好，他出言不逊。这时，奇奇就站在旁边，一切都看在眼里。

其实，夫妻关系是一回事，父子关系又是另一回事，妈妈没有权利控制父子关系。当奇奇找妈妈告状时，妈妈可以说："宝宝，妈妈也很难过，不喜欢爸爸打你，那你能不能想出什么好办法，让这样的事情不再发生？"待奇奇冷静下来，妈妈可以和儿子一起讨论，引导儿子明白，怎样才能不挨打。若想教育孩子，就不能偏袒。

如何处理一家三口之间的关系？在上边的例子中，妈妈是家里的"老板"，她总和儿子联手对抗爸爸，但奇奇在其中发挥关键作用，他很擅长让父母发生冲突，总能巧妙地利用父母之间的矛盾来获取妈妈的支持和帮助，孩子这是在操纵父母，利用别人的敌对来保护自己，这种心理是不健康的，健康的心理应该是怎样面对和解决问题。可惜，妈妈不明白这种心理对孩子自我认知的损害，掉进了孩子的陷阱。而爸爸为消除妈妈对孩子的纵容，只要孩子不听话，便揍他。爸爸越这样做，妈妈立场越坚定，不能体罚孩子，于是，通过怒斥和争吵来强迫爸爸听她的。最终，奇奇取得了全面胜利。为什么这么说？这里简单分析一下：首先，母子俩合作责备爸爸；然后，父子俩合作惹妈妈生气；接下来，父母合作，通过争吵来显示支配权。

在这种不和谐、不健康的氛围中，奇奇难以学会尊重他人，尤其是尊重他的爸爸。久而久之，爸爸威信扫地，妈妈时刻试图控制爸爸的行为。其实，妈妈重要的是做好自己，而非控制别人。事实上，别人也没法控制。爸爸对待儿子的方式以及父子关系是他们俩之间的事，妈妈最好别管。当然，可以商量和建议，控制太难了！

这个观点，可能很多父母想不通：作为父母，关注别人对待孩子的方式有什么错呢？是的，天经地义，问题是正确和合适的方式是什么？谁说了算呢？其实，在一个民主的家庭里，不存在什么权威。再说，孩子自己的事情，应该让孩子自己去处理。每个孩子的性格、言行不同，别人对待他们的方式也不同。作为父母，应尽量了解整体情况，了解孩子行为背后的目的、动机，这样才能引导和训练孩子遵守规则、实事求是，学会尊重他人、相互合作。这是我们激发孩子行为越来越好的唯一方式。

父母两人性格不同，想法和意见不同很正常。当然，想法一致更好，但不是必须的。要相信孩子，他会观察和感受他人，自行决定接受什么，拒绝什么。事实上，即使父母的意见一致，孩子也不可能完全接受。正因如此，在一个三口之家里，妈妈、爸爸与孩子的关系总会有所不同。若与爷爷奶奶、姥姥姥爷一起生活，关系就更为复杂，想法完全一致就更不可能。

菲菲七岁，是爷爷奶奶唯一的孙女，奶奶抓住一切机会给她买礼物。爸爸觉得应适可而止，只有合适的理由才可以买。春节时奶奶送给菲菲 6 样礼物，菲菲很高兴，但生日时奶奶又送给菲菲 3 样礼物，菲菲有些不高兴，觉得太少了。妈妈有些不安，请爸爸不要让奶奶给孩子买礼物了，爸爸没理，结果妈妈很生气，和爸爸大吵了一架，并确信奶奶对孩子的溺爱已经到了不可救药的地步。

其实，妈妈的担心是多余的，因为爸爸妈妈对孩子送礼物非常注意分寸，所以菲菲并没有出现贪婪的问题，只有奶奶才这样。妈妈不要试图去控制奶奶，只要她能自己做好，为孩子树立典范，足以平衡好奶奶的过度慷慨或溺爱所带来的负面影响。在这样的环境中，相信孩子是可以形成合理送礼行为的。多数情况下，不利环境是没法改变的，父母不要总是为孩子的环境设防。我们要做的是，当环境对孩子产生负面影响时，及时引导并给予适当指导。外界影响本身对孩子影响不重要，重要的是他怎么反应。

孩子是独立的个体，会跟每个和他发生紧密接触的人发生人际关系，父母应鼓励孩子与不同的人接触，不断积累处理各种人际关系的经验，只有这样，孩子才能更好地了解社会，认识社会，将来才能更好地适应社会。为此，父母应具有宽广的胸襟，遇事不斤斤计较，努力营造民主的家庭氛围，这样才会培养出宽容大度、有独立思考能力的孩子。允许、鼓励和提倡孩子发表不同意见，不要为孩子乱贴标签加以打压，这是培养孩子独立思考能力的重要基础。

当今社会，父母离婚现象越来越普遍，造成人际关系比以前更加复杂，这对大人和孩子都是挑战。很多时候，离婚时双方的敌对情绪在离婚后不但没有减弱，反而增强。孩子也不再是无辜的旁观者，他们可能会觉得困惑，表达立场并参与其中，结果可能导致更多的父母矛盾。在这样的情况下，父母必须保持克制和清醒，引导孩子与继母或继父之间发展友好的关系，否则，可能会对孩子造成难以挽回的负面影响。

第6章

情绪赋能

人生就是一个哭着走来，学会笑着生活并离去的过程。

——佚名

66. 这个世界很无奈，这样做爸爸才精彩

曾看到2017年上半年的一个报告，全国有558万对新婚夫妇，其中有185万对离婚，离婚结婚比超过33%。在天津，这个比例高达60.5%，全国第一！离婚的理由多样，但大部分不是严重损害家庭和双方情感的原则性问题，认为婚前了解不够、双方性格不合、相互沟通困难的情况占31%；认为对方不尽家庭责任和父母干预的占24%；另外，家庭暴力、婚外情等占7%。当然，也有假离婚。

如果你现在正考虑真离婚，除非是家暴和婚外情，否则别这么做。不管你现在情绪多低落，内心多痛苦，缓一缓，事情会好转。很多爸爸，包括我在内，都曾有过类似的体验。有统计显示，绝大部分离婚的男人会后悔，且再婚失败的概率是第一次婚姻的两倍。更可怕的是，父母离婚的孩子，日后离婚的可能性更大，吸毒、酗酒、犯罪的比例会更高。

创爸爸觉得既然已经开始，请不要在结束前随意放弃。正如本书前文所写，创爸爸是家庭的领导者，如果你决定放弃，那一切就真的结束了，或者迟早会结束。但你如果有勇气，决不放弃，坚决度过苦难时期，未来就会更好。

心理学家格尔迪说："父亲的出现是一种独特的存在，对培养孩子

有一种特别的力量。”其实，科学研究表明，父亲对孩子的影响不止于智力，还包括性格、情感等方面。父亲在家庭教育中承担着重要责任，甚至有些事，只能由父亲来办。

遗憾的是，在中国家庭中，不管夫妻是否离婚，爸爸缺位或错位现象非常普遍。但据我了解，很多爸爸不是不想管孩子，而是觉得与孩子相处时控制不住自己的情绪，所以要么不敢正视情绪，置身事外，逃避责任，要么乱发脾气，使家庭关系复杂化。

我和爱人的关系整体还是挺好的，但刚结婚的前几年也不时吵架，有时动静还挺大。仔细想想，都是鸡毛蒜皮的小事，比如谁扫地、谁刷碗或孩子该不该上辅导班之类的。后来，随着儿子一天天的长大，慢慢有了相互理解和包容。同时，我也开始反思自己作为爸爸的角色，回忆父亲小时候怎么对待自己，且边感悟边学习，边学习边实践，与儿子共同成长。我也听到很多同事说，好老师没法教好自己的孩子。但我没有轻信这个观点，并坚信做好老师先做好爸爸。回头看来，说心里话，一路走来，我从儿子的成长中确实得到很多快乐和满足。当然，也遇到很多挑战，最大的挑战就是每时每刻如何管理好自己的情绪。

美国宾夕法尼亚大学做了一项关于父母的乐观情绪对家庭影响方面的研究。研究结果是，虽然经济压力会对家里的每个人都有较大的负面影响，但是如果父母性格乐观，情绪方面的困扰少，在这样家庭中长大的孩子，随着时间的推移，在学校的表现会更好，适应能力会更强，而且长大后情感问题也会更少。

这些年，我最大的体会是，做父亲，只要有信念，家庭就会变好。在家庭生活中，每天回到家，不管情绪是好是坏，或遇到什么困难，我总是努力保持一种乐观心态，尽量把消极因素转化为积极因素，把本来不快乐的事转化为快乐的事，每时每刻，传导正面积极情绪，营造喜悦家庭氛围，尽量让一家人的生活和谐。我希望儿子将来也能够更乐观、更幸福。作为父亲，重要的责任不是给儿子更多物质的财富，而是更多精神的力量。

很多爸爸觉得仅仅工作已经够累了，哪还有多余的精力照顾家人的情绪，可是爱本就是一种治愈疲惫伤痕的能力，和孩子妻子在一起，治愈的不仅是孩子，还有自己。

创爸爸认为，人的生命要在家庭中成长，从家庭中来，一定要回到家庭中去。母爱给孩子滋养，父爱给孩子力量。生命最终的安全感和幸福感，通过父母生生不息、世代相传。总之，做爸爸有很多挑战，但要乐观面对，更要紧的不是说，而是做。每时每刻，要主动管理情绪，这样，家庭的幸福和使命才不会落空。

67. 大侠金庸心中永远的痛，情绪别扭酿成孩子悲剧

曾看到两个让人十分痛心的故事：一个是因为父母经常吵架，14岁的孩子不堪重负，多次与父母交涉无果，便绝望地从29楼跳下自杀，当场死亡。另一个是近期的媒体头条：在重庆九龙坡区的一个人行天桥上，一位父亲突然将7岁的儿子从天桥上扔了下来，当即被一

辆小轿车横轧而过，最终抢救无效死亡。后调查得知，这名父亲因与妻子离婚受了刺激，行为异常，情绪一直很不稳定，孩子不知怎么惹怒了他，一时冲动，酿成了惨剧。

刚刚去世的金庸先生一生风光，但在管理孩子情绪方面留有遗憾。金庸是共有四个子女，都是和第二任夫人所生。大儿子据说文采很好，11 岁时就开始发表文章，他的作文《我的人生是为了什么》，令班主任印象深刻。

金庸对大儿子的感情很深，认为这个儿子有可能会像自己一样，文采出众，以后也会继承自己的事业，大儿子的名字叫查传侠，意思就是传承武侠精神，可以看出金庸对儿子的厚望。然而，传侠性格忧郁，比如从他的作文可以看出来，11 岁就开始探讨人生了。更可怕的是，传侠和母亲的关系不好，因为母亲经常大发脾气，动辄和金庸吵闹，也听不进儿子的多次苦劝，以至于有一段时间家庭关系非常紧张，儿子觉得自己生活在这样一个家庭里很悲哀，悲观的想法就这样在心里扎根。1976 年，传侠谈了个女朋友，一次因与女朋友吵架，一时想不开，便自杀身亡，当时才 19 岁。

2004 年 9 月，金庸曾痛苦地回忆："我记得接到大儿子在美国过世的消息后，好灰心，好难过；但那天还要继续在报馆写社评，一面写就一面流泪，一直都很伤心，还是要写。"

父母的不和或坏情绪由孩子来埋单，这是一个家庭最大的悲剧。上述例子的结局有些极端，但在现实中，这种现象比比皆是。在很多家庭里，父母会无理由地把自己工作、生活、情感上的不良情绪，全都发泄到子女身上。不少父母，每天带孩子特别烦燥、焦虑，对谁脾气都不好。但如果仔细问一下，到底在烦躁什么？到底在焦虑什么？好像又说不出个所以然来。"反正就是特别烦！"也因为说不出什么，最后搞得心情更不好，这种混沌的情绪状态，有人将它称为“不知不觉”。其实，这是情绪管理的大忌，都不知道自己怎么了，何谈管理情绪呢？

创爸爸认为，要管理情绪，关键是要对情绪有感知力。首先，要能发现和认识自己的情绪，其次才是孩子的。如果对自己的情绪都不能感知，又怎么能理解孩子的感受呢？其实，如果孩子惹父母生气了，父母完全可以在孩子面前表达自己的生气、愤怒，关键在于，要用无害的方式表达。如果觉察到孩子的坏情绪，也不要觉得麻烦来了，其实这恰恰是一次更好地了解孩子、建立信任并为孩子提供指导的好机会，正所谓“不打不相识”。

这些年，虽然我对家庭关系始终保持乐观，但和儿子的摩擦也不少，有时气得我和他妈妈忍无可忍，甚至“咬牙切齿”。刚开始，作为爸爸，我基本处于不知不觉状态，只是受父亲的影响，感觉要对孩子包容，但由于没有对自己情绪的觉察，所以经常被负面或冲动情绪控制甚至吞噬。后来，我想，这太影响家庭幸福感了，必须改变。于是，我开始不断学习、反思、实践情绪管理的一些小技能。经过多年的实践或者修炼吧，现在基本可以达到情绪管理的“先知先觉”，家庭幸福感明显提高。本书下文希望分享提高父母情绪认知力和管理情绪的一些实操方法。

68. 做爸爸应控制还是放纵孩子的情绪？

为了孩子有一个积极阳光的心理，到底控制还是放纵孩子情绪更好呢？用实验说话。

有两个著名的心理学实验，先看看实验一，这个实验想回答的问题是：情绪控制力强的人更易于成功吗？为了回答问题，实验人员把一群4岁儿童分别领入空荡荡的大房间，只在一张桌子上放着非常显眼的东西：软糖。这些孩子进来前，实验人员告诉过他们，现在只能吃一块糖，但如果你能等15分钟，就可以吃两块。

结果两种情况都有：有些孩子急不可待，马上把软糖吃掉；有些孩子则能耐心等待，暂时不吃软糖。专家们把坚持下来得到第二块糖的孩子归为一组，没有坚持下来只吃一块糖的孩子归为另一组，并对这两组孩子进行了14年的追踪研究。结果发现，那些向往未来而能克制眼前诱惑的孩子，在学业、品质、行为、操守方面，与另一组相比有显著优越的表现。这说明，情绪控制力对个人的成功有着极为重要的影响。

既然实验一证明情绪控制力强的人更易于成功，那么情绪容易控制吗？这是实验二想回答的问题，该实验由哈佛大学心理学教授丹尼尔·韦格纳主持。他告诉17名大三的学生：你们可以想任何事情，但就是不要去想白熊。结果接下来的15分钟，这17名学生全部陷入难以自控的思维方式，他们越想白熊以外的东西，白熊就越是在他们的脑海里出现。教授把这种心理现象称为“讽刺性反弹”。这说明，情绪很难控制。越不想吃糖，越想吃，最后流口水甚至控制不住了；越想入睡，却越难以入睡；越刻意戒酒，但喝得却越来越多；越想戒烟，但抽得却越来越多，冒着生命的危险也在所不惜！

我们常说，做情绪的主人。通过这两个实验，我想说：知易行难。在家庭生活中，保持良好情绪更难！《熊出没》这部动画片相信很多人都看过，光头强的爸爸当初还有人猜测是富二代，但是后来发现不是。其实光头强和他的爸爸是有隔阂的，很小的时候强爸因为当上了伐木工的队长，每天都是忙于工作，没有心思管光头强。随着光头强的慢慢长大，对于自己爸爸，其实心里也是有怨气的。

现实中，松爸爸不关心或者喜欢放纵孩子情绪，常以自己工作忙为借口，要么天天外出应酬或沉溺于烟酒之中，要么回到家就不停地玩手机。对孩子的了解模模糊糊，让孩子觉得自己的父亲对自己很冷漠，这样，随着孩子长大，父子关系会越来越疏远。而严爸爸习惯于控制孩子的情绪，只要发现孩子的言行不合意，便严加训斥，甚至打骂。一位严爸爸曾向我承认：“过去经常打骂自己的孩子，每次打骂孩子前，我也总努力地想着，要控制自己的坏脾气，最好不要让孩子体验到我的坏脾气暴发时的后果。但往往事与愿违，我越是想控制住、忍住我的怒气，我的怒气常常轻易就抵达顶峰，然后失控。最后，我就觉得自己是一个疯子。”

创爸爸觉得情绪管理不能刻意控制，更不能尽情放纵，而要采取积极的行动！比如面对儿子和妻子的某些行为，我偶尔也想发怒，但每次发怒前，我会在心里数十个数，大多数情况下，数十个数后怒气会减弱甚至消除。当然，这个方法不一定对每位爸爸有效，但做爸爸就要时刻有意无意地去探索适合自己的情绪管理方法。就在写这段文字的同时，妻子正在和我说话，我有意识地调整自己说话的语气，更温和一些，情绪明显好很多。请记住一句话，一个小举动，可能改变你此刻的心情，也可能让你的家庭生活质量从此改善，甚至可能影响孩子的一生！

69. 管理孩子情绪三步曲，创爸爸的做法太科学了

情绪不好时不能光想，有时越想越差，一定要立即行动，心情才能变好！那么如何从根本上改善自己的情绪管理水平？我把它总结为三大步：

第一步，感知一下，你现在是什么情绪？请闭上眼或蒙上眼睛，十秒钟！一、二……

好，睁眼吧，问问自己，看看自己此刻到底情绪是好还是坏呢？如果你觉得情绪好，真心想听这段文字！这是正面情绪，若是这样，看书效果一定会很好！但遗憾的是，很多人的内心通常被无聊、拒绝、厌学等负面情绪所占据，结果越看书越烦躁，这样会形成恶性循环。

其实，即使你现在情绪不好，也并不可怕，可怕的是根本不知道自己情绪好坏。

事实上，大人小孩都一样，每时每刻，既有好情绪，也有坏情绪。好坏情绪就像手心、手背一样，没法分开。管理情绪的目的，不是消灭负面情绪，而是首先要接受负面情绪，同时激发正面情绪。

第二步，反思你为什么有这样的情绪？比如，我为什么会讨厌学习？我为什么会觉得工作压力大？为什么会害怕创业？为什么对孩子没有耐心呢？等等。只有找出引发情绪的原因，我们才能对症下药。

第三步，如何应对各种情绪？比如平常当你情绪不好的时候，你会怎么处理？什么方法对你比较有效呢？其实，有效管理情绪因人而异，有些人情绪不好时找人聊聊就好了，有人或许大哭一场才能好，有人则采取用摔盘子、摔碗甚至打孩子的消极方式宣泄一下。

事实上，不管是父母，还是孩子，只要是人，都有喜怒哀乐。创爸爸认为管理孩子情绪要求父母首先能够管理好自己的情绪。有一个经典的心理学故事，一位爸爸在公司受到了老板的批评，回到家看到孩子在沙发上跳来跳去，就把孩子臭骂了一顿。孩子心里窝火，狠狠地将身边正在打滚的猫踹了一脚。猫逃到了大街上，正好一辆卡车开过来，司机赶紧避让，却把路边的孩子撞伤了。这个故事就是心理学上著名的“踢猫效应”，它告诉我们：别轻易把你的坏情绪传染给身边的人。

这里我想分享的想法是，孩子在成长，父母也需要成长。父母虽然比孩子多一些生活经验和工作技能，但在情绪管理方面，在很多情况下，并不一定比孩子更有智慧。父母不会因为成为了父母，心智也随之自动“升级”。爱发怒的父母常常是有内在的问题，需要经常内省。比如很多爸爸自己从小缺乏安全感和归属感，内心积累了很多不满与愤怒。因此，成为爸爸后，容易发怒。这是爸爸自己的问题，需要自己来负责，而不是甩给孩子。

对很多爸爸来说，每当感到疲惫、休息不好或者心情不好时，往往会心神涣散，这样面对儿子或家人会情绪失控，坏情绪就像脱缰之马，横冲直撞。这也是我常有的体验。所以做爸爸，应时刻感知并反思自己的情绪，这样才能陪伴或指导孩子管理好情绪。当然，许多爸爸会觉得情绪太难管了，可能会牺牲很多，但再难也得做，为什么？因为我觉得管理情绪实在太重要了，它不但关系父母自身时时刻刻的情绪，也关系到孩子未来一生的幸福，还有什么事情比这个更重要呢？

70. 用这种情绪对待孩子，孩子内心才会越来越强

一次在外边吃晚饭。旁边一桌坐着一家三口。孩子背着一个小书包，应该在上幼儿园。爸爸匆匆吃完就开始玩手机。孩子吃了几个饺子就说要蘸点醋，刚好自己桌上的用完了。

“叫你爸爸去拿。”孩子妈有点不高兴地说。

“爸爸，拿醋。”

“你自己去，不是跟你说了，自己的事自己做嘛。老师怎么教你的？”爸爸头也不抬地说。

孩子抿了一下嘴巴，然后自己去隔壁桌拿醋去了。

没想到刚拿起来就掉在了地上，醋瓶碎了，孩子哭了。

“哭什么，看你笨成啥样！我得打你屁股！”这时候爸爸就起身骂起了孩子。妈妈赶紧把吓得不知所措的孩子拉了过来。

“这么大瓶子的醋，是有点滑，没事，跟老板道个歉，赔一瓶就行。下次注意点。”

“我看就是你惯的，就知道溺爱，一点小事都做不好。”孩子爸爸一脸的不耐烦。

“那我是不是也惯你了。孩子的事你什么时候操心过。你还好意思大喊大叫。你要是不玩手机，会这样吗？”

“你！不跟你说了。”这时，爸爸也支支吾吾不知说什么了。

其实，这位爸爸时而像松爸爸，打着让孩子独立的旗号玩手机或图清净，孩子已经有情绪了，但放任不管，觉得这没什么，让她闹一会儿自然就好了。时而又像严爸爸，遇到孩子犯点小错，不能容忍。这样的结果是，让孩子无法了解、接受和处理自己的情绪，内心那种莫名其妙的愤怒和不受关注的感觉可能会积存下来，等待着下一次情绪爆发的机会。这样的情绪，在身体里面累积多了，孩子身体就会变弱，注意力不集中，表现出诸多奇奇怪怪的“毛病”，找不到原因，也没有什么特别有效的方法。

还有一次，我在餐馆里还看到另一幕。还是一家三口在吃饭，妈妈可能去上厕所了。留下父子俩，一个在刷手机，一个在玩手里的碗。五岁左右的男孩玩了一会儿有点无聊，就想抢爸爸的手机，嘴里还说着：“爸爸，你在看什么？”爸爸可能正在看一个什么重要内容，突然很大声地说："你干吗呢？坐好！"

这时男孩突然打了爸爸的胳膊一下。爸爸有点怒了，推了一下儿子的肩膀。男孩哇地大哭，一边哭一边骂："坏爸爸，坏爸爸！"爸爸脸上挂不住了，开骂："你怎么回事？发疯啊！"然后父子俩在餐馆里上演武斗，一大一小像两个野兽，你来我往，拳来脚去，骂骂咧咧。要不是妈妈回来劝说收场，两人的武打真不知怎么收场。

餐馆里好多桌都是带着孩子就餐的。大家都看着，默默不语。虽然大家都知道这位爸爸不对，但是如果换作自己，就能很好地控制情绪吗？还真不好说。

这方面我也有体会。多年前，我希望儿子养成早起早睡的习惯，觉得这个习惯对他一生都有好处。于是，从幼儿园开始，我就有意识地引导甚至训练儿子早起，结果用过多个办法，比如定闹铃、憋尿、调节生物钟等，但这些办法都收效甚微。记得儿子初三到美国参加野外生存项目，有天早上轮到他值日，因没有闹铃，他让同伴叫醒他，没想到，他和同伴竟然都没醒来。

回来之后，我严厉地批评了他一通，但到今天早上为止，儿子虽然养成了晚上定闹铃的习惯，但早上很少被闹醒过，通常闹醒的是我，只有我叫他，他才能起来。但每次我叫他时，他又总显得有点不耐烦。儿子最近备战美国高考，还要兼顾中国高考，每晚十二点睡觉早上六点起床，确实很辛苦，起床就更困难了。有时我叫他起床时，他总有些磨蹭，需要叫好多遍才起来，我心里着急，想朝他发脾气，但我会有意识地克制自己。我问儿子："昨晚是不是又睡得太晚了？晚上能不能早睡？"他说："不能，时间太紧，要学的东西实在太多。"我说："你看这样好不好？我给你三种选择：第一，别定闹铃，也别让我叫你，省得你厌烦，睡到自然醒；第二，你学着调节生物钟，想办法自己起床；第三，我叫你，你得快速起来喝杯水。”儿子选择了第三个建议，每天叫醒他后喝杯水，情绪明显变好。其实，儿子上学这么多年来，整体上情绪稳定，不仅能和同学、老师建立良好的人际关系，而且德、智、体等诸多方面表现都挺好。我想，虽然不能完全归功于我的耐心，但至少是重要因素之一。

创爸爸认为，面对多变、带刺的孩子，只有一个法宝：就是给孩子足够的耐心。从心理学的角度来看，孩子情绪不好或发脾气是一种心理需求的表现。而不少爸爸会忽略、屏蔽甚至粗暴地误解这个需求。这样，若孩子小，当需求得不到满足，会产生生气、愤怒、难过等负面情绪，经常用哭闹来表达。若孩子稍大一些，当遇到挫折或是不舒服的时候，就会自然地通过大喊大叫或破坏行为，去宣泄自己的消极情绪。

创爸爸认为，管理孩子情绪最土、最笨、最有效的办法，就是耐心。如果无效，那就再耐心一点。

71. 内心强大的孩子是什么样的?

我常听一些年轻大学生说心里烦，学什么都没心情。前几年，市场上曾出现过一种文化衫，上面写着“别理我，烦着呢”。有些人虽然嘴上没有讲出来，但相信生活中大家都有过心烦意乱的体验。在这种烦躁的心态下，有时不知所措，令人苦恼。烦是一种通俗的说法，如果用心理学的名词术语，比较接近的是焦虑。人的焦虑分两种情况，一种是反应性的，是由于某些事件，如升学挫折、生活失意、意外事件等诱发。另一种是气质性的，是由于个人气质所致，个性比较内向抑郁，一贯比较容易焦虑，这种情况大多是从父母那里习得的，尤其是童年不幸、痛苦被压抑进潜意识的孩子更容易出现这种情况。

内心强大的孩子是什么样的呢？简单讲，包括两个方面，一是与自身关系和谐，能够自我调整，自我激励；二是与他人友好相处，能够处理生命中遇到的各种坎坷和困难。这里着重谈谈与自身关系的和谐，这是是内心强大的根基，看似容易，实则更难。

这些年，我也一直想让儿子内心和谐。初二时，儿子班主任觉得儿子各方面都不错，就是不善于表达和表现，所以有意让儿子参加演讲和小提琴表演等活动。有一次班主任告诉我爱人，希望儿子当班长，重点培养。我说，这样很好，可增加孩子锻炼的机会。后来，班主任征求儿子意见，儿子笑着说："不愿当班长。"班主任问："那你愿意担任什么班干部呢？"儿子说："体育委员。"最终，班主任安排儿子做英语课代表兼体育委员。其实，儿子从小学一年级至今一直是班级体育委员，刚上初一一个月，就被选为校足球社社长，不管做体育委员还是足球社社长，能看出来儿子以此为荣，并做得很开心。但也有例外，初三一次课间操，从教室去操场的路上，同学队形有些乱，且有说有笑，老师要求儿子维持秩序，但儿子觉得老师的要求不合理，所以执行不到位，结果受到老师的严厉批评。儿子当时并没有和老师说什么，但心里特不高兴。回来后，儿子告诉我："初三同学学习压力太大，课间就得让同学放松。"我告诉儿子："爸爸支持你的观点，但你能改变老师吗？"儿子说："不能。"我说："那怎么办呢？"儿子不说话了。

我告诉儿子："若下次再遇到类似事件，有三种解决办法，第一是不管老师怎么想，坚持你的认为正确的做法，先斩后奏，让老师自己去想吧；第二是事先和老师沟通，争取老师支持你的想法；第三种方法，若老师实在不支持你的想法，你再坚持自己认为正确的做法，前提是脸皮厚，不怕批评。"儿子点了点头，觉得第二种方法更好。后来和儿子聊天，出于好奇，我问儿子："当班长挺好的，你为什么不愿当呢？"儿子笑呵呵地说："觉得班长没干啥有意义的事。"

我觉得，当孩子的情绪被觉察和接受，他们往往会有力量来面对各种困难和挫折。在这样的过程中，他们会慢慢地了解自己，从而能够学着照顾好自己。当孩子心里没有积存那么多"拧巴"的东西时，你就会看到一个内心强大的孩子。也许他们性格各异，有的淘气外向，有的沉静内敛，但是他们的内心会非常有力量。说心里话，这些年，随着儿子的长大，我很少看到儿子"无理取闹"，他也是学校老师心目中少有的情绪稳定的学生，这个让我感到非常欣慰。

创爸爸觉得，内心强大的孩子，从小得到了充足的爱和接纳，长大后才更有主见，更独立，更能坚持自己的立场和主张，不会被外在的东西所动摇。这样的孩子才有坚定的自我，有自己的界限和准则，在遇到困难时能积极主动地想办法解决，也怀有对世界的善意，尊重和体谅别人的行为、感受，并能以自己的方式与周围世界和谐共处。最后，我想说，孩子内心强大来自做真实的自己，来自内心快乐、满足和坚定。我曾告诉过儿子，我心目中真正的男子汉是外柔内强，即待人温柔，内心坚韧不拔。总之，我觉得，强大的孩子离不开爸爸的精心培养。

72. 梁启超：成就快乐强大孩子的三个秘籍

梁启超，作为中国近代杰出的启蒙思想家、教育家，在家庭中他是孩子们的慈父、导师、挚友，在教育子女方面也非常成功。他的五男四女，都是本行业的专家，学习刻苦，十分热爱自己的专业；都从不炫耀自己的功绩，而是默默无闻地奉献；他们都不靠父亲梁启超的名声，而是像陶行知先生所说的那样“滴自己的汗，吃自己的饭”；其中3个儿子是中国科学院院士。

这里，我想重点说说梁启超管理孩子情绪方面的做法，有三个方面值得称道：

第一，耐性地培养孩子放松的生活方式。梁启超常说“人要生活在趣味之中”，要想尝到生活的趣味，就要学会放松，生活不是比赛，没必要带有很强的目的性。梁启超自己是个懂得放松，松紧有度的人，所以他会自然地引导子女也成为这样的人。

女儿思庄到国外念书，梁启超写信给女儿，叮嘱女儿学业虽要紧，但也不必为此搞得太过紧张，他说：“能进大学固甚好，即不能也不必着急，日子多着哩。”

对儿子梁思成，梁启超也提醒他要从学业中分出光阴来，不要逼迫自己，如果因学业弄得生活单调反而不美，“我怕你因所学太专门之故，把生活也弄成近于单调，太单调的生活容易厌倦，厌倦即为苦恼，乃至堕落之根源。”

梁启超曾说，自己所做的事，大都是失败。面对这些生活中的不如意与压力，梁启超懂得给自己减压，他不仅能够从成功中获得乐趣，还能从失败中咂出味道，因此总是生活得有滋有味。

第二，培养孩子坚强的性格。梁启超的九个子女中七位出国留学深造。梁思成 23 岁赴美留学，梁思永 19 岁，梁思庄更是 17 岁就出国读书。年幼的孩子出国在外，面对种种困难，能做的只有坚强应对。

儿女们性格坚强，这归功于梁启超的“意育”教育。梁启超认为，子女们能否成才，关键是要看有没有坚强的意志和毅力，这是战胜人生一切挫折的武器。1923 年，梁思成曾不幸被汽车撞折腿骨住院，至少要推迟一年去美国留学，他为此焦虑不安，甚至急于成行。为此，梁启超专门写信给思成说：“人生之旅历途甚长，所争决不在一年半月，万不可因此着急失望，招精神上之萎萈。汝生平处境太顺，小挫折正磨练德性之好机会，况在国内多预备一年，即以学业论，亦本未尝有损失耶。”

第三，在与孩子平等沟通中培养真情。当梁启超与孩子们分离时，经常给孩子们写信，政事、家事、游记、健康状况乃至内心深处的想法等，无所不谈，“大事小事都不瞒你们”。书信往来十分密切，信中没有干瘪的说教，更没有严厉训斥或硬性规定。梁启超每见孩子稍有进步时，则表示非常高兴，口头表示肯定或给予纪念品作为奖励。每见孩子有思想情绪时，则晓之以理，加以引导。如选择学习专业等有倾向性建议时，亦以商量的口吻，究竟如何办，由你们自己决定。如有分歧意见，也建议姊妹几个开个家庭会议协商着办。信中体现了家庭的开放和自由，语气生动、温和，有情有理，孩子们读起来也格外亲切舒畅快乐，也易于接受父亲的教诲。

孩子们也及时给父亲回信。每当接到孩子们的来信，梁启超无不兴高采烈，隔几天收不到孩子们来信时，则发出炽热的思念之情，甚至达到发疯的程度，在一次酒醉以后，满纸写的是“我想我的思顺”，感到心情不安。1927 年在《给孩子们书》的信中说：“三个多月不得思成来信，正在天天悬念，……爹爹是最富于情感的人，对于你们的爱情十二分热烈。”海外孩子们也经常想见到父亲的信，“三个礼拜不接到父亲的信就噘嘴了”。由此可见，梁启超与孩子们间有着极其深厚的情谊，这是其所有孩子个个内心强大的力量源泉。

73. 父母的生活态度取向决定孩子的未来

每个人从孩提时代开始，就积累着大量潜意识的决定，这些决定共同形成了各自的生活态度取向。生活态度取向并不是告诉你是谁，它体现着你在生活中以何种方式找到归属感和价值感。《正面管教》一书介绍了父母有可能具备的四种生活态度取向，每一种生活态度取向都存在着自身的优势和缺陷，并且有些父母具有双重态度。

第一，安逸型父母。这类父母往往有耐心，较和善，好沟通。遇事尽量避免冲突，容易对孩子的要求让步，结果往往会卷入更难以处理的境地，因为孩子非常清楚如何对家长进行“情感控制”，用哼哼唧唧，发脾气来逼父母让步。很多隔代亲也多属于这类。这类父母培养孩子时，时而友善时而骄纵，孩子易于被惯坏，易满足却又自信心不足，对长辈缺乏尊重。

改进方法：

☞ 培养孩子的生活技能；

☞ 花时间教孩子互相尊重；

☞ 让孩子体验自己行为带来的后果。

第二，控制型父母。顾名思义，这类父母喜欢掌控的感觉。具备组织能力、管理能力、果断坚持，但是会形成过度的控制倾向，容易引起孩子反叛、抗拒或讨好，也容易出现孩子思维僵化、不易沟通的问题。

改进方法：

☞ 练习放手；

☞ 给孩子提供选择的机会；

☞ 请孩子参与讨论解决问题的方法。

第三，取悦型父母。这类父母最大的优点就是友善，有时会刻意讨好孩子以避免矛盾，却反而会带给自己负担，因为所有的付出不是不需要回报的，若付出希望孩子感激而孩子却不领情时，会产生沮丧甚至怨恨。同时，易于造成孩子不满足、逆来顺受或者报复心理。

改进方法：

☞ 相信孩子有能力给自己快乐。引导孩子能够学会表达自己的想法、感受和要求，不要期待别人和自己想的一样；

☞ 用鼓励孩子自己完成代替父母代劳；

☞ 设置明确的限制并务必坚持做到。

第四，力争优秀型。这类父母从字面上来看属于完美型，没错，这类父母很容易成为孩子的榜样，但是也容易对孩子期望过高最终形成压力。这类父母很爱说教，有时太看重结果，这样容易使孩子形成消极或上进两个极端。

改进方法：

☞ 调整心态，将孩子犯错看成成长机会；

☞ 和孩子多多尝试在一起做事过程中的快乐体验。

作为父母，及早认识到自身的生活态度取向有助于培养出性格相对健全的孩子。通常情况下，四种生活态度取向的父母容易培养出四种类型的孩子：

取悦型："我小，别人大。因此，我必须讨好别人，这样别人才爱我。"

安逸型："我小，别人大。因此，我必须让别人照顾我。"

争强型："我小，别人大。因此，我必须更努力地赶上，甚至做得更好；我最讨厌做无意义和不重要的事。"

控制型："我小，别人大。因此，我必须控制自己和局面，这样我才不会觉得受到了羞辱。"

假如你的基本生活态度取向是取悦，次级生活态度取向是争强型，那么，在对待孩子方面，你可能为孩子设限较少，总是想着爱玩是孩子的天性，不怎么去限制他，有时制定的规则也是虎头蛇尾，执行一两次就不再提起，导致孩子比较散漫、没有规矩。若经常说教挖苦，孩子可能会有挫败感，甚至产生怨恨。在这种情况下，父母要做到以下几点：

☞ 和善与坚定并行；

☞ 学会表达自己的情绪感受，给孩子做这方面的榜样；

☞ 无条件接纳孩子，特别是男孩；

☞ 相信孩子可以做好，鼓励他并花时间训练他；

☞ 平时说到做到；

☞ 多与孩子谈心，培养归属感和价值感。

74. 一呼一吸情绪改善，世界自然美妙！

当父母对孩子的行为产生愤怒时，自我放松是调整情绪的有效办法。其中最容易操作的方法就是深呼吸，在很多电视剧中，我们经常能看到剧中人物在发怒时，用深呼吸的方法暂时控制自己的情绪。实际上，心理咨询也经常采用这种方法来调节来访者的情绪。

为什么呼吸能影响情绪？最近才有科学解释。斯坦福大学医学院的专家在《科学》杂志发表的一项新的研究发现，少量的脑干神经细胞连接大脑的唤醒中心，可调节情绪状态。专家通过呼吸起搏器来调节呼吸，结果发现呼吸会影响兴奋、叹息、打呵欠、喘气、睡觉、欢笑、哭泣等情绪。

相信大家都有体会，缓慢而平稳地呼吸，通常感觉心会平静下来，而迅速急促地呼吸，会感觉越来越紧张。所以医生会让一些心理疾病患者进行呼吸控制练习。同样，在瑜伽中，常常使用调息法来控制呼吸，将人们的内心从烦躁甚至狂躁状态转移到相对安静的冥想状态。事实上，人的情绪会引发生理反应，如生气时面红耳赤，害怕时脸色苍白。反过来，人的生理反应同样也会影响人的情绪，如喝酒会觉得兴奋，按摩会觉得轻松等。而深呼吸会让自己的身体从消极情绪状态回到正常状态，因此会让人的情绪变得更加平静，从而更为理智地解决问题。

其实，很多人不会呼吸。也许你会说：谁不会呼吸！这里，我想说如果你长期用嘴巴呼吸、经常打哈欠；或者经常感到颈部慢性疼痛、手脚麻木；或者心慌、气短，可能是你采取了错误的呼吸方式。当然，如果严重，要立即就医。

那么正确的呼吸方法是什么呢？很简单，要做到四个字即可！即“深、长、匀、细”。所谓“深、长”，就是呼吸的深度和长度，生命的长度和深度，就在一呼一吸之间。生命的质量，体现在呼吸的均匀和细腻。呼吸训练的目的，就是能让你始终保持心平气和的积极情绪。

这些年，我和爱人坚持每周 3 ～ 5 次健身，其中我体会最深的是瑜伽呼吸术，对情绪改善帮助很大。不管一天工作多么辛苦、劳累，有时几个简单的瑜伽动作和深呼吸，情绪马上好转。我也经常把我的这些体会和爱人、儿子分享，除了夫妻关系明显改善，在引导儿子管理情绪时也更得法了。有时发现儿子生病或学习压力过大而出现情绪波动，我也会用一些小方法帮助他调节。这里介绍我经常使用的一种简单呼吸法，朋友们不妨也可试试：只需找一个相对宽敞一点的地方，闭上眼，坐下、站着或躺着均可。然后，通过你的鼻子慢慢地吸进空气，心里数 123，再通过鼻子深深地呼出，心里数 123456。这里注意，当空气滋润你的肺部时，释放一个长长的叹息，感觉一股气体冲出你的肺部。就这么简单，重复若干次即可。如果你晚上睡不着觉，可试试。若与孩子交流时情绪冲动，也可试试，或许 2 ～ 3 分钟即可让你的内心平静下来。现在若有空，先简单练习一下，看看你的情绪是否放松、稳定很多？

最后，我想和父母朋友们分享的是，养育孩子的任务非常繁重，但这些小方法能让你轻松很多。随着孩子一天天长大，蓦然回首，你会发现，艰难的时光已经过去，而你收获的是每天的好心情和全家的幸福感。

75. 成就幸福家业，从微笑面对自己开始

曾看过一个小视频，在地铁上，每个人表情冷漠、凝重，前15秒好无聊。这时，一个人看手机时突然笑起来，这笑声很快就被传染了，最终，整个车厢里所有人都面带微笑，轻松起来。

一些父母在孩子学龄前，微笑常挂在脸上，一旦上了小学，微笑就少了。还有父母觉得孩子本来就不听话，如果天天笑脸面对，孩子不就更不听话了吗？其实，微笑是有力量的，微笑可回绝孩子的某些不正当要求，也可纠正孩子的某些不良行为；若用微笑去鼓励孩子学习，效果就会更好，只不过父母没有习惯地使用而已。其实，父母的面部表情，是极容易影响孩子学习的。比如，当父母下班回来时，表情严肃，既没有一丝微笑，又不说一句话，孩子会有什么反应呢？他可能对父母表情进行认真的思索："又要怎么样？"于是孩子的情绪和面部表情也就随之紧张起来。假如孩子的作业没有做完，家长再骂一

顿，孩子的心情也就彻底阴沉下来了，做作业也无精打采，其学习效率就可想而知了。

每个家庭，若能每天多一份笑容，家庭气氛会变得轻松起来，其他人的心情也就随之改变。可惜，很多中国式父亲平时比较严肃，不苟言笑。看过一个视频，一位学者讲自己与父亲关系好，但父亲从来不对他笑。主持人问："一个从来不对自己笑的父亲，你怎么能说父子关系好呢？"学者侃侃而谈，大概意思是说父亲为他留学慷慨支持，让他非常感动。主持人接着说："是父亲的物质支持让你感到了父爱。"学者说道："其实当时并没感到父爱，但父爱如酒，越久越醇香。"

突然想到朱自清的《背影》，中学课本学过，深受感动。最近写书，又仔细研究了朱自清真实的父子关系，我才知道，朱自清之所以有《背影》里那么经典的描写，更多的是对父爱的伦理追求和深沉向往。实际上，他和父亲关系并不好，甚至有很长一段时间可以说很糟糕。《背影》所塑造的父亲虽然打动了人性，但现实是冷漠的，甚至是悲凉的。

创爸爸认为，幸福的父亲不能只看背影，而是每天真实的快乐和发自内心的笑声。那幸福从哪里来呢？大的说是价值观，小的说是好奇心。许多父亲随着孩子的出生，会产生"上有老，下有小"的心理焦虑，人生更加"务实"或者"成熟"，好奇心顿无。可以想象一个好奇心爆发的孩子（尤其是儿子）和一个冷漠的父亲天天在一起，会是什么结果呢？

在中国的家庭里，幼年时期，父亲一般扮演权威的角色。很多父亲在青少年时期，往往需要给儿子一种压迫的感觉，父亲的微笑是孩子的奢侈品。我很荣幸自己的父亲并非如此，在我的记忆里，父亲多是面带微笑，很少强迫我做什么，尽管是老师，也从未逼迫我学习。

如今父亲已年近八十，每天生活很单调，但他总是面带微笑，对身边的人和事都充满好奇心和爱心。他在北京生活期间，每天出去散步，同样的公园，同样的路，但他从不感到厌烦，似乎每天都有新鲜的发现。父亲的状态给了我强大的正能量，每当我感到烦躁、负能量增加时，和父亲打个电话，我便能感到这种微笑传染的力量。我目前正努力把这种状态以适当的方法传递给儿子。

创爸爸认为，在一个真正幸福的家庭里，处处充满着微笑。当孩子的成绩不十分如意或考试失败、偶然犯错误或遇到挫折的时候，微笑就如同镇静剂一样，能安抚孩子的心灵，缓解孩子的压力。微笑还是润滑剂。如果你的面部表情总是阴沉沉的，为了孩子，为了你自己，希望快快改变。如果你微笑不成问题，偶尔出现阴沉，你就要每天提醒自己，我要面带笑容回家。如果你今天思想压力大，不顺心的事情多，走到门前，突然发现自己脸是阴沉的，此时最好不要立即进屋，要调整一下自己的情绪。此时，可望望天空，或看看周围能够产生愉悦心情的景物，或者多想想一天美好的事情，让美好情绪涌上心头，烦恼的情绪就会有所缓解或平静。

微笑最好是发自内心，自然流露，但有时刻意练习也是需要的，演员、服务员通常会这么做。在家庭生活中，练习微笑的最简单方法是每天回到家，先面对镜子，对自己微笑一下。生活就是这样，你对她微笑，她也会对你微笑，培养孩子也是如此。

76. 为孩子情绪赋能，而不是“负能”，父母需学会的几个策略

身为父母，你认为自己情商高吗？如果给自己的情商打个分数，你会打多少分？有些人会说：“我是情感达人，和孩子的关系特别好，而且我的人缘不错，可以达到八九十分。”还有些人会说：“我特别感性，看到孩子哭我也哭，从孩子立场想问题的能力也强，所以我给自己打 70 分没问题。”你呢，你的答案是什么呢？

其实，不少人都会高估自己的情商，包括父母和孩子。美国情商领域的“鼻祖级”专家大卫·卡鲁索博士通过一系列的研究发现，不同的被试者都出现了不同程度的认知偏差，其中情商处于底端人表现出的偏差最明显，甚至认为自己的情商排名超过了平均水平，而处在情商最顶端的人却表现出了一定程度的低估偏差。大卫建议，应通过如下四个问题来反思自己的情商：

第一个问题是你现在感觉怎么样？

第二个问题是这个感觉重要吗？

第三个问题是为什么你会有这样的感觉？

第四个问题，也是最后一个问题，当你感觉到不那么开心时，你

们会用什么样的方式使自己快乐起来？或者让自己继续停留在那个情绪里，你可以做些什么？

这四个问题其实包括了情绪的感知、理解、控制和管理。在美国，专家们通过测量父母的情商发现，如果父母的情商技能比较低，那么他们的孩子有可能自我管理的能力也比较低。情商高的父母不仅能够安慰孩子，更可以帮助孩子找到自己真正的感受，并引导孩子去做另一项活动。这些父母不但自己有更积极的情绪，职业满意度更高，压力更小、倦怠感更少，而且会向孩子提供更多情绪方面的支持，并且在引导孩子的时候会有更有效的行为，可以更好地建立、维系与孩子的关系，传递更多的正面情绪。

事实上，不少父母为了保护孩子，常用些不当策略来处理情绪。比如在日常生活中，孩子可能会问妈妈：“爸爸的感觉怎么样？”如果你是父母，在孩子还很小的时候，你会告诉他你这一天过得很糟糕吗？你通常会说挺好的，压抑、逃避或否认自己的情绪，因为我们想要保护我们的孩子，你不想表露自己的情绪。这就意味着你在向孩子传达一种可能会影响亲子间信任的信息，孩子可能因此不会表达情绪。

这些年，我通过陪伴儿子，每天都在探索情绪管理的策略或方法。这里，与父母分享四种策略，希望父母们能帮助自己、赋能孩子。

第一，预防策略——在一件事情发生之前想象一下当时的场景，想象一下会出现什么问题。使用你的想象力，想象到时候会发生什么，来改变情况。

第二，重新评估情况——当孩子发生了问题行为的时候，想想孩子的感觉是什么样的，接着反思一下自己做错了什么，可以怎样帮助孩子。

第三，回应策略——不管你的情绪如何，你都可以表达不一样的情感，比如自我对话，可以站起来，走一走，深呼吸。

第四，社会支持——社交支持是一种非常有效的策略，比如说加入一个同事群或者家长群。

77. 做情绪管理教练，让孩子传承幸福

想象一下，一位爸爸带孩子去看牙医，治疗龋齿，孩子害怕不肯配合，对爸爸、医生拳打脚踢，大声吵嚷，让爸爸感到很难堪。

有些爸爸会想尽办法哄孩子接受治疗，用奖励“诱惑”孩子，“听话，爸爸给你买汽车玩具”，这种做法快捷、简单，且有时很有效，但这会让孩子不能正视自己的情绪，慢慢对调节情绪比较迟钝。一些孩子甚至长大后不能正视或极力逃避坏情绪，就是由此引起的。

有些爸爸故意摆出一副咄咄逼人的表情，严厉训斥，这会压抑孩子的情绪，降低孩子的自尊感。在这种家庭中长大的孩子，女孩通常会表现出意志消沉，带有忧郁倾向，且情绪调节能力不足；男孩则具有冲动或攻击性行为倾向，生气时会本能地用拳头解决。

还有有些父母放纵孩子情绪，“不想检查就算了”，接受和包容孩子身上的所有情绪，这类父母教育下的孩子，理论上应该能很好地调节情绪。但因父母不能给孩子较好的建议，不会为孩子的行为划定明确的界限，所以孩子往往会陷入自我崇拜，凡事只考虑自己的情绪，

无法体谅他人。

创爸爸认为，父母要做情绪管理的教练，在包容孩子所有情绪的同时，务必要给孩子的行为划定明确的行为界限，比如，可以告诉孩子，你可能很不喜欢看牙医，但并不能因为这样就对医生拳打脚踢；而且，对待龋齿，是不能逃避和拒绝治疗的，如果放任不理，只会让牙齿更恶化。更重要的是，帮助孩子寻找更积极有效的治疗龋齿的方法，如告诉孩子在心里数十个数，以后少吃糖，一定要认真刷牙等。

其实，面对同样的情景，不同孩子情绪反应可能不同。有学者将孩子大致分成容易型、困难型、迟缓型三种气质。父母应努力做情绪管理教练，根据孩子的不同气质，对孩子有的放矢地进行情绪管理。一般来讲，容易型孩子，从婴儿时期就很乖，能吃，能睡，也爱笑，长大了也不会惹是生非，让父母很省心。这类孩子约占40%。这类孩子的情绪属于稳定型，但切不可因为稳定就粗心大意，以为孩子一切都挺正常的，但此时孩子的内心可能正经历着莫大的痛苦。所以，对容易型孩子，父母一定要给予更细致的关怀，经常主动交流并疏导孩子的情绪，让孩子打开心扉。

困难型孩子的特点是听不进父母的话，经常唱反调，你让他向东，他非得向西，像头倔强的小毛驴一样，拒绝自己被驯服，更乐于用自己特有的方式来挑战新鲜事物。人类学家认为，这类孩子全世界至少约有10%。想要养育好困难型孩子，并不是一件容易的事。但是，困难型孩子有望改写家族未来的命运。在当今这个风云多变的时代，困难型孩子有难得的优点。由于这类孩子吃软不吃硬，你越想压制，孩子就会更走向偏激。所以，父母要对这类孩子给予适度的安抚和理解，凡事多让他们自己判断孰是孰非。

迟缓型孩子属于慢半拍型，约占15%，无论说话或做事，都比较慢。在凡事都讲究快捷的现代社会，这种性格恐怕很难适应。但这类孩子往往是能在喜欢的领域坚持不懈的人，人生成功的可能性更高。综观很多成功人士，大多不是头脑多么聪明或才能多么出众的人，而是慢半拍型的人。父母应该了解迟缓型孩子的特性，努力做到取长补短，帮助孩子走向成功。

有一项针对河南省高中生的调查发现，处于中等焦虑水平的学生占77.8%，重度焦虑的占2.5%。中学生与情绪相关的心理问题越来越多，最常见的问题有学习强迫状、校园恐惧症、考试焦虑症、学习倦怠、注意力障碍、精神萎靡不振、肠胃功能紊乱、青春期情感变异、早恋、父母沟通障碍等。这些问题是学校、家庭、社会等多方面因素造成的。这里我想说，父母因素非常关键。父母应成为问题的预防者和解决者，而不能成为问题的制造者。

这些年，通过陪伴儿子，让我对自己的情绪有了更好的掌控，我通常知道会发生什么，怎么应对。这种掌控感，或者“先知先觉”，带给我的不仅仅是情绪状态的稳定，更让我对自己、对家人、对人际关系有了更多的自信。这份心态反过来也在进一步强化自己享受培养孩子和共同成长这件事。儿子这些年在学校获得过很多荣誉，最让我高兴的是他所获得的“阳光少年”的称号。其实，每个孩子都是独一无二的，对待孩子的情绪，父母不要纵容，更不要一味打压，应该做情绪管理的教练，努力寻找适合自己孩子的应对方法，这样才能让孩子成为情绪的主人，通过情绪管理为孩子赋能，让孩子顺利成长。

78. 父母成熟，孩子才能成长

成熟的父母，应是从幼年开始，有意无意给孩子提供精神资源，精神资源会主导孩子一生的好恶感、羞耻心、梦想、愿望与恐惧，从而影响他后来所有的决定。吴军先生在《让父母成熟起来》一文中指出，成熟父母有三个共同的特点。首先是大气、开朗，不斤斤计较，不倚老卖老。其次，学习的愿望很强烈，虽然他们可能自己受教有程度不高，但愿意尝试新的东西，接受新鲜事物。最后，可能物质上不富有，但是精神上会不断给予子女支持和鼓励。

我出身农村家庭，母亲是农民，一个字也不认识，父亲是乡村教师，但父母不管我能否考上大学、上什么大学、选什么专业、干什么工作、找什么对象都支持。

人们常说，三十而立，应该是指男人到了30岁家庭稳定，事业也初见起色，也就是所谓的“成家立业”。回想一下我30岁那年，研究生毕业一个人留在大城市，虽然成家，但谈不上立业。虽然贷款买了房，但工作极不稳定。第一次考博士未中，加之爱人怀孕，说真的，当时内心充满压力、不安和焦虑，所以经常感冒。那些年，我很少给父母打电话，偶尔给爸爸打一个电话，爸爸总是说：“老家里的事不要操心，要安心学习或工作。”后来，当儿子满月没人照顾时，我给父母打了一个电话，第二天，没出过远门的母亲就坐火车硬座，千里迢迢赶到我身边。父母为孩子们付出很多，但这么多年来，父母从未开口向孩子要过一分钱。我每次给父母钱时，他们总是再三推辞，说不需要。

父母的开朗大气和默默支持给了我无穷的力量，使在我人生最困难的时候，坚持工作，坚持考博士，最重要的是，坚持学习。坚持考博士到第二年，儿子出生，内心特兴奋。后来，爱人休完产假上班，母亲帮忙看孩子。我坚持白天上班，晚上既要花一点时间陪儿子玩，还要继续考博士，遗憾的是第二年又未中，导师录取三个，我排在第四名，当时非常失望。但我并没有绝望，继续坚持，到第三年，以第一名的成绩考中。考上博士后，我开始做咨询，虽然兼顾博士学习、陪儿子、做博士学位论文，但收入尚可，印象中当时的收入和现在的工资差不多。这时，内心才有了事业的感觉。

现在社会竞争激烈，有相当一部分人在30岁时根本就没有什么“业”而立，还在到处打工、四处闯荡，居无定所，没有房子积蓄，只是为生存苦苦打拼。在这种情况下，若有了孩子，会不会耽误下一代呢？我个人认为不会，因为物质条件的欠缺并不是最重要的，最重要的是内心的成熟，只要父母内心成熟，孩子就会健康成长。其实，“三十而立”原本意义上指的就是一种心理和心智的成熟，言行得当。

可惜的是，现在很多父母只是希望时时把孩子看住了，害怕孩子出差错，有的只是管教，要这样，要那样，孩子转瞬就长大了，大人也变老了。结果孩子只是长大，并没有成长；父母也只是变老，但并没有成熟，也没有为孩子真正赋能。

我很幸运，父母很早就比较成熟，这赐予我一生取之不尽、用之不竭的精神力量。我也会尽力做一个成熟的爸爸，我觉得，父母成熟就意味着能放开手脚去爱孩子、欣赏孩子，不纠结于孩子“应该如何做才会成功”，不教育孩子“无论干什么都争个你高我低”，或者“绝不能输在起跑线上”等之类的问题，从而告别失落与无望。一旦进入这个境界，做父母的就解放了自己；解放自己，父母们才会拥有足够的希望和信心，战胜自己以及孩子所面对的各种困境。

父母成熟，首先自己要不断地进步。我的爸爸在北京生活期间，他经常和我分享自己关于国内外一些大事的看法，之所以这样，得益于他每天看《新闻联播》，经常读《参考消息》。近期父母回到老家生活，为了不让爸爸思想落伍，我专门为他订阅了一年的《参考消息》。为了不让自己落伍，我不管每天再忙，也总要抽点时间浏览今日美国、CNN（Cable News Network，美国有线电视新闻网）等英文新闻，一是学习英语，二是了解国际新闻，三是寻找与儿子交流的新话题。

最近儿子准备申请美国名校，要做的社会实践很多，要参加的考试也很多，压力很大，所以经常出现食欲不振、感冒、口腔溃疡等毛病。在写这段文字的时候，儿子因踢一场足球而又咳嗽感冒了，表面上看是因为天气太冷，但我觉得有必要帮助儿子分析深层次的病因，寻找对策。我知道，儿子近期每天晚上十二点甚至更晚才睡觉，早上五点半想起床，但总起不来，身体的状态不太好，抵抗力明显下降。我建议他：“早上可坚持早起，但晚上必须早睡，最好十一点半前睡觉。”儿子说：“没法早睡，事情实在太多了。”我告诉儿子：“不是事情太多，根源在于太贪，要学会精力管理。事情再多，每天的时间和精力是有限的，所以唯一的解决办法是每天设定有限任务，只要任务完成了，该吃吃，该玩玩，别想那么多，再忙不能忙坏了身体。身体好是应对未来各种挑战的基础。只要身体好，人生就没有什么困难可以把自己压倒。”通过交流，儿子获得了力量，感冒症状似乎缓解了很多。

同时，我建议儿子写一篇专题文章或日记，分析当前学习、生活中遇到的困境，并探讨减少感冒次数、让自己身心健康的解决方案，儿子同意了。我相信这篇日记可能为他将来顺利完成学业甚至应对未来人生挑战提供指导。作为爸爸，真的希望儿子在大学毕业前多经受一些挫折与历练，这样才能让儿子在身体和思想上都尽快成熟起来。

成熟的父母，要给孩子建设性的支持，要学会在孩子真正需要帮助的时候伸出援助之手。当孩子面临困难和问题的时候，成熟的父母不是去自我打击，不是去抱怨，不是去比较，也不是去担忧未来，而是看看我们从中可以学习什么。这些年，对我个人来讲，作为爸爸，无论每天遇到什么情况，我都是以积极的态度，从中寻找学习的机会或发挥我作用的机会。

成熟的父母要把自己当学生，这样就不会有任何压力。实际上，作为父母，我们不懂的东西太多了，不仅我们不懂的东西很多，而且我们潜意识当中已经犯的错误也很多，我们无形中已经内化了很多并不值得信赖的信念。这些正是我们需要终生学习的原因。

后　记

本书的大部分内容来自作者父子同行16年深度切磋的心得。为了保护隐私，书中的人名、地点和细节做了适当处理。为了增加说服力和科学性，本书也做了大量的研究，引用了一些二手资料，个别网上资料出处不详，在此对本书所有直接或间接的贡献者表示感谢；若涉及版权，也请来信申明或索取利益。

这里，以我最爱唱的一首歌《亲亲我的宝贝》结束：

亲亲的我的宝贝
我要越过高山
……
亲亲的我的宝贝
我要越过海洋
……
我要飞到无尽的夜空
摘颗星星做你的玩具
我要亲手触摸那月亮
还在上面写你的名字
……